云南师范大学学术精品文库

国家社科基金一般项目（19BMZ071）研究成果

改革开放以来澜湄民心相通的历史演进与启示

牛元帅 著

中国社会科学出版社

图书在版编目（CIP）数据

改革开放以来澜湄民心相通的历史演进与启示／牛元帅著 . —北京：中国社会科学出版社，2024.4

ISBN 978 – 7 – 5227 – 3395 – 1

Ⅰ.①改… Ⅱ.①牛… Ⅲ.①澜沧江—流域—国际合作—区域经济合作—概况②湄公河—流域—国际合作—区域经济合作—概况 Ⅳ.①F127.74②F125.533

中国国家版本馆 CIP 数据核字（2024）第 075800 号

出 版 人	赵剑英
责任编辑	孔继萍
责任校对	王　龙
责任印制	郝美娜

出　　版	中国社会科学出版社
社　　址	北京鼓楼西大街甲 158 号
邮　　编	100720
网　　址	http：//www.csspw.cn
发 行 部	010 – 84083685
门 市 部	010 – 84029450
经　　销	新华书店及其他书店
印　　刷	北京君升印刷有限公司
装　　订	廊坊市广阳区广增装订厂
版　　次	2024 年 4 月第 1 版
印　　次	2024 年 4 月第 1 次印刷
开　　本	710×1000　1/16
印　　张	12.5
字　　数	201 千字
定　　价	78.00 元

凡购买中国社会科学出版社图书，如有质量问题请与本社营销中心联系调换
电话：010 – 84083683
版权所有　侵权必究

前　言

澜沧江—湄公河是世界范围的第六大河流、亚洲范围的第三大河流、东南亚范围的第一大河流，流经中国、缅甸、老挝、泰国、柬埔寨、越南六个国家。澜沧江—湄公河是联系流域六国的天然纽带，是流域六国人民群众世代繁衍、赖以生存的摇篮，是维系流域六国乃至南亚东南亚地区和平与发展的重要源泉。在长期的历史发展进程中，澜湄流域创造了灿烂的人类文明，积淀了厚重的文化遗产，是丝绸之路精神和民心相通的历史见证，为人类发展和进步提供了无可替代的宝贵财富。面对世界百年未有之大变局，研究澜湄流域民心相通的历史演进与启示，既可以鉴史，又可以兴业，可谓正当其时、恰逢其势。

目前，国内外围绕澜湄的相关研究层出不穷，甚至在一定程度上呈现出了集中和拥堵的态势。纵观既有的研究成果，主要集中在澜湄流域民心相通的历史基础研究、澜湄流域民心相通的演进过程研究、澜湄流域民心相通的现实条件研究、澜湄流域民心相通的驱动因素研究等方面，大多侧重于澜湄流域的历史与具体现状、澜湄流域的开发与合作起源、澜湄流域合作的前景与希望等视角，涉及评估与总结、问题与应对、演进与驱动、监测与预警、定量与模拟的并不多见，很少有文献结合当前多变的国际形势、多样的利益关系、多元的合作路径，深入分析和探究改革开放以来澜湄流域民心相通的历史演进规律及其驱动机制建构。基于现有研究的不足，本书注重研究的系统性、规律性、时代性，强化资料的多元性、方法的综合性、对策的实用性，在归纳、总结、分析的基础上，突出正、反两个方面的影响因素，"纵向""横向"相结合，围绕教科文卫体的交流与合作、旅游的交流与合作、民间往来的交流与合作，总结其得失、探寻其规律，切实丰富和拓展了相关研究的广度和深度。

本书包含十一章，分别为绪论、改革开放以来澜湄流域民心相通的历史演进分析、改革开放以来澜湄流域民心相通的比较分析、改革开放以来澜湄流域民心相通的现状实证分析、澜湄流域民心相通的调研分析、澜湄流域民心相通的影响因素和问题分析、促进澜湄流域民心相通的对策与建议、基于"教科文卫体"层面的澜湄民心相通实践路径与案例探析、基于"旅游交流"层面的澜湄民心相通实践路径与案例探析、基于"民间往来及其他"层面的澜湄民心相通实践路径与案例探析、结论与启示。本书通过大量实践成果和典型案例的解构和剖析，结合构建的民心相通体系，在对澜湄流域民心相通的历史演进和驱动机制进行评估的基础上，提出科学合理的澜湄流域民心相通的发展点，为澜湄流域命运共同体建设提出对策建议。理论层面有助于丰富澜湄流域民心相通的实证研究资料、创新澜湄流域民心相通相关研究的路径，为更多的理论研究提供相对可靠而实用的论证依据和理论支撑；实践层面有助于解决实际问题、提供决策参考，凝练澜湄命运共同体建设的新理念与新模式，为稳边、固边、富边及其融入国家发展战略的实现提供可资借鉴的新思路。通过研究，我们认为，澜湄合作和澜湄流域民心相通有正向的积极驱动因素，也有负面的消极阻碍因素，但积极因素是主流、起到决定性的作用，综合来看，可以发现，澜湄流域民心相通由来已久、基础较好，有着鲜明的阶段性特征，立足当下、面向未来，澜湄流域民心相通前景可期、大有可为。

目　录

第一章　绪论 …………………………………………………（1）
　第一节　研究缘起 ……………………………………………（2）
　第二节　国内外研究现状 ……………………………………（5）
　第三节　相关理论概述 ………………………………………（8）
　第四节　研究方法和创新之处 ………………………………（11）
　第五节　重点难点 ……………………………………………（13）

第二章　改革开放以来澜湄民心相通的历史演进分析 ………（14）
　第一节　澜湄民心相通的历史脉络 …………………………（14）
　第二节　改革开放以来澜湄民心相通的历史演进 …………（16）

第三章　改革开放以来澜湄民心相通的比较分析 ……………（24）
　第一节　中泰民心相通的历史演进分析 ……………………（24）
　第二节　中柬民心相通的历史演进分析 ……………………（27）
　第三节　中老民心相通的历史演进分析 ……………………（30）
　第四节　中越民心相通的历史演进分析 ……………………（33）
　第五节　中缅民心相通的历史演进分析 ……………………（36）

第四章　改革开放以来澜湄民心相通的现状实证分析 ………（39）
第一节　指标内容 ………………………………………（39）
第二节　指数排名 ………………………………………（40）
第三节　现状分析 ………………………………………（41）

第五章　澜湄民心相通的调研分析 ……………………………（68）
第一节　基于普通民众的澜湄民心相通调研 …………（68）
第二节　基于来华国际学生的澜湄民心相通调研 ……（70）

第六章　澜湄民心相通的影响因素和问题分析 ………………（72）
第一节　澜湄民心相通的影响因素 ……………………（72）
第二节　中泰民心相通的影响因素 ……………………（81）
第三节　中柬民心相通的影响因素 ……………………（84）
第四节　中老民心相通的影响因素 ……………………（87）
第五节　中越民心相通的影响因素 ……………………（90）
第六节　中缅民心相通的影响因素 ……………………（92）

第七章　促进澜湄民心相通的对策与建议 ……………………（96）
第一节　促进澜湄民心相通的对策与建议 ……………（96）
第二节　促进中泰民心相通的对策与建议 ……………（101）
第三节　促进中柬民心相通的对策与建议 ……………（103）
第四节　促进中老民心相通的对策与建议 ……………（105）
第五节　促进中越民心相通的对策与建议 ……………（107）
第六节　促进中缅民心相通的对策与建议 ……………（110）

第八章　基于"教科文卫体"层面的澜湄民心相通实践路径与案例探析……（113）

第一节　推动云南沿边地区构建高质量教育体系，助力澜湄民心相通……（113）

第二节　辐射中心建设背景下推动云南华文教育可持续发展……（115）

第三节　全周期管理加强来滇留学服务，促进澜湄民心相通……（118）

第四节　加强中缅文化交流，助力澜湄民心相通……（125）

第五节　加强中缅边境小康村文化建设促进澜湄民心相通……（128）

第六节　加强云南省与周边国家公共卫生合作促进澜湄民心相通……（134）

第七节　发展民族民间中医药，促进澜湄民心相通……（138）

第九章　基于"旅游交流"层面的澜湄民心相通实践路径与案例探析……（143）

第一节　加快云南乡村旅游高质量发展，促进澜湄民心相通……（143）

第二节　提升云南沿边开放水平，促进澜湄民心相通……（149）

第三节　打造中老国际班列品牌，实现"一路多利"促进澜湄民心相通……（152）

第四节　加强 RCEP 背景下云南口岸建设，助力
　　　　 澜湄民心相通……………………………………（158）
第五节　围绕中老建交 60 周年打造滇老合作典范………（165）

第十章　基于"民间往来及其他"层面的澜湄民心
　　　　相通实践路径与案例探析………………………（168）
第一节　凝聚侨心侨力，促进澜湄民心相通……………（168）
第二节　凝聚工会力量，促进澜湄民心相通……………（173）
第三节　促进澜湄民心相通，云南争创 RCEP
　　　　 先行先试区……………………………………（175）
第四节　发展跨境智慧物流，提升沿边开放水平………（177）
第五节　深化云南边境地区跨国警务合作，促进
　　　　 澜湄民心相通…………………………………（180）

第十一章　结论与启示………………………………………（184）

参考文献………………………………………………………（187）

后　　记………………………………………………………（190）

第一章

绪　　论

　　澜沧江—湄公河总长约 4880 千米，流经中、缅、老、泰、柬、越六国，流域总面积约 81.1 万平方千米、人口约 3 亿人，澜沧江—湄公河堪称世界范围的第六大河流、亚洲范围的第三大河流、东南亚范围的第一大河流。可以说，澜沧江—湄公河地理上是联系澜沧江—湄公河流域 6 个国家的天然纽带，同时，还是澜沧江—湄公河流域 6 个国家人民群众世代繁衍、赖以生存的摇篮，是维系澜沧江—湄公河流域乃至南亚东南亚地区和平与发展的重要源泉。澜沧江—湄公河孕育了澜沧江—湄公河流域 6 个国家文明璀璨、各具特色、独具匠心、相亲相近、包容和合的澜沧江—湄公河文化，形成了澜沧江—湄公河流域 6 个国家之间历史悠久、源远流长而又紧密联系、生生不息的天然屏障和民心纽带，构建了澜湄流域深厚广泛而又互补互促、共同进步与发展的澜湄流域命运共同体。习近平总书记指出："国之交在于民相亲，民相亲在于心相通。"① 实践证明，民心相通既是最基础、最坚实，也是最广泛、最持久的互联互通。立足时代背景，面对百年未有之大变局，齐心协力共促澜湄民心相通具有深厚的历史渊源和广泛的现实基础。改革开放以来，澜湄流域 6 个国家开展了领域广泛、内容丰富、形式多样的人文交流

---

①　习近平：《习近平谈治国理政》第二卷，外文出版社 2017 年版，第 510 页。

与合作，大力促进地缘相联、人缘相亲、文缘相通、命运与共，让澜湄流域在实现共同发展的过程中成为好邻居、好朋友、好伙伴、好兄弟，逐步构建责任共担、利益共享、休戚与共的澜湄命运共同体。

第一节 研究缘起

一 研究背景

（一）基于中华历史文化传承发展的背景

民心相通，源自于中华优秀传统文化的精华——民本思想，是以心相交的儒学义理文化思想内涵的深刻体现。"对坐成参商，咫尺成胡越。我有心交者，不见几岁月。"人只有心通意合，才能心灵相通，只有心灵相通，方可一通百通。"惟以心相交，方成其久远。"一直以来，民心相通都是中国秉持的对外交往理念，中华人民共和国成立以后，长期坚持平等、互鉴、对话、包容的文明观和历史观，在多样世界和复杂变局中，努力做到守望相助、互相尊重、彼此欣赏、和谐共存。

（二）基于国际秩序大变革大变局的背景

环顾世界，当前的时代正处于并将长期处于大发展、大变革、大调整的时期，随着时代车轮的滚滚向前，将进一步出现世界多极化、经济全球化、社会信息化、文化多样化的发展特点，这种发展不以人的意志为转移。时代的进步和发展，将进一步加快国际秩序的变革、进一步加速推进全球治理体系和治理能力的提升，处于"地球村"大家庭的各个国家将进一步加深相互联系和相互依存。不可否认，面对加速发展的新时代，"地球村"也将面对百年未有之大变局，面临不稳定性、不确定性，霸权主义、强权政治依然存在，单边主义、保护主义、民族主义有所抬头，传统安全、非传统安全问题相互交织。①

（三）基于澜湄合作深入推进的现实背景

远亲不如近邻，澜湄民心相通因其天然优势具有良好的民意基础。改革开放以后，中国不断改善周边的区域安全环境，积极发展与周边国家之间的睦邻友好关系，增进区域人民之间的友好往来，展现了负责任的区域性大国的担当。在澜湄民心相通的过程中，也存在一些干扰和制约因素，比如：域外因素的介入，六国政治体制的差异、意识形态的不同、对外战略和现实利益的差异，部分国家内部政局的不稳定性、边境的冲突和民族矛盾的交织，恐怖主义的挑战等。

基于以上三个方面的背景，面对百年未有之大变局，本书旨在系统解构改革开放以来澜沧江—湄公河流域民心相通的历史演进过程，加大澜湄民心相通建设的理论探索，探寻澜湄民心相通的驱动机制，构建澜湄民心相通的可持续发展机制，以期促进澜湄流域的中国、缅甸、老挝、泰国、柬埔寨、越南坚持开放、包容、和合理念，持续深入推进澜湄民心相通建设，以"心"之"诚"，共同应对和化解澜湄六国可能出现和面临的外界挑拨、非传统安全威胁、恐怖主义、内部矛盾、政局博弈与轮替等等现实问题和诸多挑战。

二 研究意义

（一）学术意义

1. 丰富澜湄民心相通的实证研究资料。基于对当前的研究现状梳理，可以看出，国内外学术界目前相关的研究主要是侧重于对

---

① 参见中共中央党校（国家行政学院）《习近平新时代中国特色社会主义思想基本问题》（人民出版社、中共中央党校出版社 2020 年版），第 358 页。

大湄公河次区域和澜湄合作机制下的区域经济发展、金融贸易发展、基础设施建设、教育合作、文化交流、民间交往等显性定量研究，本书将结合时代发展背景，立足学术前沿，努力打破以往理论研究较多、实证分析较少的问题。

2. 创新澜湄民心相通相关研究的路径。立足现有资源，本书将进一步积累改革开放以来澜湄民心相通历史演进的研究资料，通过实证研究，创新研究方法，总结改革开放以来澜湄民心相通历史演进的过程，分析归纳其驱动机制，提出澜湄民心相通建设的具体路径，为更多的理论研究提供相对可靠而实用的论证依据和理论支撑。

（二）现实意义

1. 解决实际问题。调研发现，目前国内外学术界的相关研究，主要都是侧重于对大湄公河次区域和澜湄合作机制的宏观和顶层设计层面的分析，很少进行专门的澜湄民心相通的对策研究，特别是改革开放以来民心相通的历史演进的研究，本书有助于解决亟待解决的实际问题，将结合新时代、新形势，及时评估澜湄民心相通的现状，为全面了解和深入研究改革开放以来澜湄流域的民心相通历史演进提供大量的经验资料，在研究的过程中助推相关问题的解决。

2. 提供决策参考。本书将立足澜湄流域，努力"把论文写在大地上"，为不同时期澜湄民心相通建设的具体问题与困境把脉会诊，形成6个1相加大于6的效应；发挥团队研究优势，积极建言献策，为政府部门采取更有针对性、更贴合民意的务实合作提供系统数据支撑；为稳边、固边、富边及其融入国家发展战略提供可资借鉴的新思路，凝练澜湄命运共同体建设的新理念与新模式。

第二节 国内外研究现状

党的十九大报告中,"心"字共出现 57 次,正如习近平总书记所说:"国之交在于民相亲,民相亲在于心相通。"实践已经证明并将不断证明,民心是最大的政治。民意基础具有最广泛、最持久的力量。民心向背是关键,民心相通是一门收获民心、顺意民心的"必修"课程,具有持久而强大的驱动力,这种驱动力是充足的经济物质基础以及政治互信所催生的命运共同体意识。① 结合当前国内外成果,本书的相关研究主要集中在以下四个方面。

一 澜湄民心相通的历史基础研究

澜湄流域在长期的历史发展进程中,创造了灿烂的文明,积淀了厚重的遗产,是丝绸之路精神和民心相通的历史见证,为人类发展和进步提供了无可替代的文化财富。澜湄流域的历史文化资源非常丰富,既可以鉴史,又可以兴业;澜湄流域的民族文化历史悠久,孕育了澜湄流域 6 个国家独具特色、富有魅力的灿烂文化,研究发现,澜湄流域各民族的起源、文明的形成、文化的变迁与演变既有各自的特点,又有许多共同之处;中国与澜沧江—湄公河流域的 5 个国家无论是过去、现在,还是将来,都有着而且必将继续有着千丝万缕的政治联系交往、经济贸易往来、文化交流融合,在民族文化的传承、创新与发扬等方面深入、广泛、持久地合作。既有研究大多侧重于从不同视角分析历史与具体现状,很少有文献结合当前复杂的国际形势、多样的利益关系,深入分析和探究改革开放

---

① 中共中央宣传部:《习近平新时代中国特色社会主义思想三十讲》,学习出版社 2018 年版,第 303 页。

以来澜湄民心相通的历史演进规律及其驱动机制建构。

二 澜湄民心相通的演进过程研究

自古以来，澜湄流域国家山河同脉、民族同根、文化同源，在长期的历史发展进程中，具有历史悠久、深厚广泛的经济与人文联系。文献检索表明，目前尚未见到国内外学术界对澜湄民心相通的演进过程进行专门系统研究。国内较近的相关研究主要围绕在湄公河流域的开发方面。湄公河流域的开发起源于19世纪，可以归纳整理为三个主要阶段。第一阶段可以追溯到1947年以前的"早期起源时期"，主要源自英国、法国两个殖民国家在澜湄流域乃至亚洲地区的经济和殖民历史及现实利益；第二个阶段可以归纳为1947—1975年的湄公河开发机制的"中期发展时期"，主要源自参与湄公河开发机制的各方战略考量和现实需要；第三个阶段可以总结概括为1976年至今的"持续深化时期"，主要源自多边主义倡导下的各类机制利益方，这一时期澜湄流域乃至整个东南亚地区的局势基本稳定，围绕澜沧江—湄公河流域出现了形形色色的合作机制，甚至出现了"机制拥堵"现象。第二次世界大战以来，湄公河流域成为大国的"兵家必争之地"，面临着"群雄逐鹿中原"之势，其背后隐藏的是对大国力量的极度敏感和担忧；近年来，特别是2014年11月中国提出建立澜湄对话合作机制以来，越来越多的学者开始关注澜湄民心相通建设，但是，对于改革开放以来至2014年的研究成果并不多见。

三 澜湄民心相通的现实条件研究

澜湄是大自然赋予我们的共同财富，是连接流域六国的天然纽带，是维系地区和平和促进共同发展的重要源泉。澜湄流域地处连接东亚、东南亚和南亚的交汇点，地缘便利、战略优势突出；澜湄流域同饮一江水、命运紧相连，有着共同的文化根基和相似的价值观，传统友谊世代相传；澜湄流域山水相连、文化相似，人文交流频繁密切，跨境人员交往具有坚实的民意基础，社会人文合作为促进澜湄流域国家民心相通发挥了引领作用；澜湄流域各国经济关联性、资源互补性十分突出，是天然的合作伙伴，打造澜湄流域经济发展带将能实现优势互补、共同发展。目前，澜湄流域也面临着单边主义、民族主义抬头的挑战，因水而生、因水而兴的澜湄流域更需要构建起牢固的澜湄命运共同体。经过多年的融合与发展，澜湄合作已达到一定的程度，在大国博弈加剧、国际关系错综复杂的大背景下，现有驱动机制在提升区域合作水平方面呈现出动力不足，且未能有效解决澜湄流域发展中出现的自然条件多变、经济发展滞后、安全形势不稳、人员往来复杂等综合性问题。

四 澜湄民心相通的驱动因素研究

推进澜湄合作是对习近平总书记提出的推动构建周边命运共同体的具体实践，党的十九大后，习近平总书记首次访问即选择了越南、老挝两个澜湄流域国家。澜湄流域国家中除老挝以外的其他国家的第一大贸易伙伴都是中国；澜湄流域国家在工业化、基础设施建设、升级产业结构、加速农业现代化、发展旅游业等方面都有共同的合作需求；"共饮一江水，彼此情无限"的深厚友谊是澜湄民心相通的文化基石，人文交流是实现澜湄民心相通的前提条件，是构建澜湄流域命运共同体的重要基础；通过责任共同体加强安全对话，增进战略互信，维护澜湄流域和平稳定；通过利益共同体大力推进经贸合作，夯实共同利益基础，促进澜湄流域发展繁荣；通过人文共同体积极推进民生建设，加强人民友好交流，促进澜湄流域和谐共处，最终通过民心相通建设从根本上消除澜湄流域可持续健康发展的问题和障碍。

综上所述，国内外对于澜湄民心相通的研究主要聚焦湄公河流域的历史与具体现状、湄公河流域的开发与合作起源、澜湄合作的前景与希望等方面，既有研究为本研究的开展奠定了良好的理论和方法基础。但是，纵观既有的研究成果，存在以下三方面不足：

1. 对改革开放以来至 2014 年澜湄民心相通历史演进的摸底不清，既有的研究比较零星，尚未见到专门、系统的研究，不利于总结和归纳得出科学的、规律的经验和成果。

2. 既有的研究更多集中在湄公河开发的历史与现状、前景与机会等方面，这些研究均为定性的探讨和阐释，涉及评估与总结、问题与应对、演进与驱动、监测与预警、定量与模拟的并不多见。

3. 现有的研究没有很好结合当前澜湄流域内外地缘政治格局演变，对新形势下澜湄民心相通的挑战认识不够、系统分析不足，欠缺两者间的关联研究。

基于以上的研究不足，本书试图从系统性、规律性、理论性、定量与模拟等方面，强调研究的实用性、方法的综合性、资料的多元性。

第三节　相关理论概述

一　天下观理念

司马迁在《论六家要指》中说："《易大传》：天下一致而百虑，同归而殊途。"这句话提出了一个重要的观念：天下。古代所指的天下，不一定是中国，也可能是世界。这一词最早出现在先秦时代的古籍里，先秦时期边疆观的一个重要思想就是天下五服说，以致秦朝能够在如此短的时间内完成中国历史上的第一次统一，天下观起到了重要的作用。除了有天下五服说，华夷之变的观念也非常重要，因为当时的天下观注定会融入其他民族。在商朝时期，华夏族为统治中心，其他皆为王朝统治下的民族；到战国时期，只有7个大的诸侯国，形成了民族融合。转眼到21世纪的今天，在抗击新冠疫情中，中国秉承天下观中"命运与共""和衷共济"的理念，共同抗疫，应对挑战。正因为有天下观，中华民族才能够凝心聚力，团结统一，这是很多国家都无法做到的。中国传统文化中的天下观强调要以仁爱之心对待他国，在国家交往中要以义为先，强调道义、仁义，当前倡导的"人类命运共同体""澜湄命运共同体"等思想都蕴含着中国优秀传统文化的基因和精神，是对中华优秀传统文化和思想精髓的传承和发扬。"讲信义""重情义""扬正义""树道义"……如今成了中国在国际舞台上树立的标杆。天下观主张"民胞物与""天下一家"，强调世界的整体性、统一性。自从新中国成立以来，中国一直对一些贫困的发展中国家给予帮助，对动荡困乱地区发起人道主义援助，勇于当先且积极践行着人类社会命运与共的价值理念，充分彰显了中国负责任的大国担当，引领了人类文明的发展方向，这是中国传统社会理想的当代实践。融合之道在于交流。交流之道，在于沟通，在于真诚，在于共同进步，从人类文明形成开始，中外人文交流理念为世界各国关系开辟了全新空间，为中国和其他国家民心相通提供了强大助力，为冷峻的国际关系注入了一股温情的人文力量。

二 交往行动理论

著名的交往行动理论是由德国当代哲学家哈贝马斯提出的，他意识到过分强调个体，是难以达成共识并获取普遍接受的，由此提出的交往行动理论以承认主体间性为基础，以可理解性的语言为中介，通过对客观世界的真实性表达。他认为，交往的目的是增进理解，了解的目的是达成共识，交往行为的实现要以现实的人类社会为依托。交往行动理论强调，主体间如果要达成共识，这些共识需要取得实效，这些共识需要具备"有效性"的特征。这种"有效性"的特征，不仅仅是一种理论上的表达"有效性"，更是一种行动上的实践"有效性"。在现实实践中，不同行为主体之间的共识不会也不可能在相互隔离的状态下自动生成和实现，只有在有效的互动与交往实践中，才能促进不同行为主体之间的交往、交流、交融，才能达成理念和情感上的共识与共鸣，最终形成不同行为主体之间的友好情谊。交往行动理论同样适用于当今的国际关系与国际交流，只有加强各国之间的交往，才能拉近彼此心与心之间的距离，这为国际关系的发展提供了思路启示，也在现实中对国际关系的优化起着推动作用。交往行动理论强调：交往行为的主体世界是由诸多背景观念组成和构建的，这些背景和观念虽然存在一定差异，但是，不会存在永远的分歧，随着时间的推移，是能够产生一致性的。这意味着虽然我们身处于不同国家、不同社会制度、不同民族、不同风土人情，但交往确实能让我们在尊重差异性之上建立共识，民心相通就是这么一种人相交、情相亲、利相投的互联互通。对于现如今形势下复杂的大国交往，各国相互联系、相互依存，不仅可以通过语言媒介建立起合理化交往，来摆脱人类社会遭遇的困境，而且还可以通过各种交往合作来改变话语环境和方式，使言语和行为能力的主体之间互动，让彼此间共识更加强烈、达到情感共鸣。

三　共情传播理论

共情传播理论最早是由人本主义创始人罗杰斯提出的，共情传播理论强调不同的人能够换位思考，切身体会到他人独特的经历。在"共情"的作用下，人们之间可以相互给予对方更多的尊重、理解和同情。一般认为，共情是人类基因的一种天赋，这种天赋是与生俱来的能力，不是一种感受，也不是一种情绪。人类长时间因为地理环境的阻隔、社会发展程度、语言、传播技术等多方面的因素而处于相互隔离的状态，因为这种隔离，导致世界上很多社会制度、宗教观念、社会习俗、行为方式、意识形态等存在巨大的差异，人类共情的能力受到了阻碍，以致有怀疑、偏见、抵触、恐惧心理的存在。尼古拉斯·艾普利曾经在书中建议，如果我们想要理解他人，最好当面直接和他交谈，而非想象他的感受。今天的我们相比以往人类社会都更加便捷。随着交通工具的改善、科学技术的发展，电视、互联网、手机已经成为我们生活的一部分，高铁、飞机、远洋航线也都加速了人类的流动，文明和文明之间、文化和文化之间的交流有了更多直接接触的机会。民心相通便是传承了共情传播这一机理，是一个从"人心到人心"的心理过程，"知觉"到"行动"的过程，双方可以被对方所认同、所理解，这种情感认同便会产生与对方交往的动力，消除隔阂、消除恐惧，达到将心比心、感同身受的境界。古丝绸之路曾经的繁荣便是中国与周围国家民心相通的见证，当前这也是中国贡献给国际社会的智慧传播和交往方式。

第四节 研究方法和创新之处

一 研究方法

（一）文献研究法、历史分析法

查阅权威统计资料及数据，收集国内外学术界对澜湄民心相通建设方面的研究成果，辅以改革开放以来特定时期学者的相关研究，对相关文献进行精准把握和分析，着重梳理改革开放以来澜湄民心相通的历史演进过程。

（二）座谈访问法、实地调查法

深入中老、中缅、中越边境进行田野调查；请缅、老、泰、柬、越在华留学生协助，回国开展问卷调查；访谈相关管理部门负责人，结合民族学、政治学和社会学等研究方法，全面掌握澜湄民心相通建设的基本情况。

（三）统计分析法

在对驱动因素进行归纳、对驱动机制进行分析的基础上，通过梳理相关数据，构建澜湄民心相通指标体系，对改革开放以来澜湄民心相通的历史演进及其驱动机制进行实证分析与关系验证，确保结果更客观。

二　创新之处

（一）学术思想的特色和创新

1. 系统阐述澜湄民心相通的现状，梳理改革开放以来澜湄民心相通的历史演进过程，分析其特征和趋势。

2. 从构建澜湄流域命运共同体的目标来分析澜湄民心相通的驱动机制，探索澜湄民心相通的可行性与必然性。

（二）学术观点的特色和创新

1. 提出民心相通是澜湄合作的"关键基础"。澜湄民心相通建设具有"一荣俱荣、一损俱损"的连带效应，推进澜湄民心相通建设可以为构建人类命运共同体创造条件。

2. 强调民心向背是实现澜湄民心相通的决定因素。澜湄民心相通需要从"心"开始，通过政府、地方、社会、个体等层面，选择教育、科技、文化、卫生、体育、旅游交流、民间往来等路径，运用知心、交心、动心、凝心、化心、合心等实践策略，才能真正实现目标通、理念通、情感通、文明通。

（三）研究方法的特色和创新

"民心相通"的研究主要集中于近现代，综合来看，民心相通的研究是一项整合度比较高、系统性比较强的研究，涉足教科文卫体、旅游交流、民间交往等领域，本书参考了跨学科的民心相通指标分析模式,将当前集中研究的民心相通定性研究向民心相通定量分析转变,以期通过指标体系构建,注重实证分析,力求取得研究的科学性、合理性、全面性和原创性,增加研究的学术价值和借鉴意义。

第五节 重点难点

一 改革开放以来澜湄民心相通的历史演进分析

对挖掘和收集到的数据进行点式分析的同时,由点及面比照澜湄流域现状获取整体性状,理清趋势特征及其对民心相通建设所产生的多重影响。

二 澜湄民心相通的驱动机制及对策建议

在民心相通指数体系的基础上,分析澜湄民心相通的驱动因素和驱动机制,最终回到本书的落脚点:系统化民心相通建设机制的提出,确保所提建议对策的全局性、创新性、针对性和操作性。

三 民心相通指标体系的构建和指数的比较分析

需要充分考虑数据的代表性和可获取性,对其相关指标的内涵和外延进行科学准确定义,对数值出现的离散程度大、不均衡等问题需要准确把握。

四 民心相通实践成果和典型案例的对比及分析

如何在民心相通指标体系的基础上,遴选具有代表性的实践成果和典型案例进行对比及分析,发现其演进规律和驱动机制,以验证最终研究结论的科学性与合理性。

第 二 章

改革开放以来澜湄民心相通
的历史演进分析

同饮一江水，命运紧相连，澜湄民心相通具有天然优势。自古以来，借助天时、地利、人和等有利因素，澜湄流域沿线国家和人民的往来就十分密切。改革开放以来，澜湄民心相通顺应区域协调发展的时代潮流，历经恢复发展期、拓展发展期、全面发展期、成熟发展期等阶段，创造了"天天有进展，月月有成果，年年上台阶"的澜湄民心相通速度。

第一节 澜湄民心相通的历史脉络

一 历史传统

澜湄民心相通的历史演进是历史变迁、地理环境等因素共同作用的结果。

从历史演进因素上看，云南是中国最早对外开放的地区之一。从《史记·西南夷列传》《汉书》等典籍和史料记载中可以发现，早在公元前4世纪或是更早时期，西南各族人民就开辟出了"蜀身毒道"，穿过崇山峻岭，经过云南中转和集散，沟通与印度、缅甸以及南亚东南亚地区的联系，进而到达中亚、西亚和中东，后人又称之为"西南丝绸之路"。从英国人哈维的《缅甸史》、霍尔的《东南亚史》等著作和历史资料中可以发现，最早能够追溯到公元前2世纪，中国的丝绸等商品由南方地区进入缅甸，经过印度，然后到达阿富汗，甚至远及欧洲等地。① 古代南方丝绸之路也成为中国最早连接南亚、东南亚等地区的纽带和桥梁，并与北方丝绸之路、海上丝绸之路一道，成为中国最古老、最重要的国际通道。其中，西路"蜀身毒道"在云南楚雄并入"博南古道"，跨过澜沧江，再经"永昌道""腾冲道"在德宏进入缅甸；中路"安南通天竺道"经云南昆明、红河进入越南；东路滇越道从云南昆明、文山经越南河江、宣光，抵达河内。同时，还有"茶马古道""剑南道""夜郎道"等西南省区通道以及中国西南通往老挝、泰国等国家的对外交往通道。②

从地理环境因素来看，澜湄流域山水相连、相互毗邻，跨境区域往来密切，先后形成了多个跨境交流通道，从古代的"贝币之路""茶马古道""盐运古道"，到近代救国于危难中的"滇缅公路""史迪威公路"等，都足以说明澜湄流域之间的交流往来绵延几千年。

二 现实基础

澜湄流域间友好交往的悠久传统为澜湄民心相通奠定了坚实的历史基础、提供了深厚的现实基础。一段时间以来，澜湄流域成为大国的"兵家必争之地"，流域外的国家对湄公河次区域的介入不断加深，在澜湄流域进行了较为广泛的利益布局。当前，世界正在发生深刻复杂的变化，经济全球化遭遇一些新挑战，澜湄流域经济增长动力不足，亟须流域内各国凝聚共识、寻求对策。面对澜湄流域形成的"你中有我、我中有你"的利益交融格局，需要各方大力

---

① 全洪涛：《南方丝绸之路的文化解析》，《思想战线》2012年第6期。
② 《南方丝绸之路是我国古代对外交往的重要通道》，云南政协网，2014年9月19日，http://www.ynzx.gov.cn/nfsczl/235264.jhtml。

促进地缘相连、人缘相亲、文缘相通、命运与共，让澜湄流域形成责任共担、利益共享、休戚与共的命运共同体。①

三　特征表现

（一）平等协商

澜湄六国地缘相近，同饮一江水，命运紧相连，是永远搬不走的邻居，民心因水而生、因水而兴、因水而通。六国人民坚持共商共建共享的合作原则，不分大小、强弱、贫富，相互尊重彼此的现实利益和共同关切，合作中有商有量，交往时有情有义，犹如是"志同道合"的好朋友，能够相互照顾彼此的关切和感受。

（二）务实高效

澜湄六国人缘相亲，人民拥有勤劳、善良等共同特质和优点，都是当今世界的"务实派""行动派"，相互间能够秉承民生为本理念，注重民众最急需的教育文化、医疗卫生、减贫增收等领域的合作，书写着惠及百姓、福至民众的民生答卷，展现了"天天有进展、月月有进步、年年上台阶"的澜湄成绩。

（三）开放包容

澜湄六国文缘相通，相近的文化底蕴形成了历史悠久且联络紧密的文化基因，为澜湄人民间的交流交融交往提供了坚实的人文根基。同时，澜湄合作还与中国—东盟等合作机制有机衔接、相辅相成、相互补充，为澜湄民心相通的持续长久提供了动力源泉。

第二节　改革开放以来澜湄民心相通的历史演进

总体而言，澜湄流域的民心相通有着鲜明的阶段性特征，系统

---

① 郭业洲：《"一带一路"民心相通报告》，人民出版社2018年版，第3页。

梳理和解析澜湄民心相通的历史演进过程，是深入开展澜湄民心相通建设的关键。本书将改革开放以来澜湄民心相通的历史演进分为恢复发展期、拓展发展期、全面发展期和成熟发展期四个阶段。

一 恢复发展期（1978—1991 年）

20 世纪 70 年代在世界范围内兴起的新科技革命，有力地推进了世界经济的快速发展，亚洲"四小龙"等周边国家和地区的社会经济大力发展，1967 年在泰国成立了东南亚国家联盟，加快了区域经济、文化等领域的交往与合作。1978 年 12 月召开的党的十一届三中全会在科学分析国内国际发展形势的基础上，准确把握时代主题和人民愿望，做出改革开放的历史性抉择，推动经济体系从封闭型半封闭型向开放型全面转型。自 1978 年中国实行改革开放政策至 1991 年，是澜湄民心相通的恢复发展期，1989 年、1991 年中国分别与老挝、越南实现关系正常化，此后，在我国政府工作报告中，中国关注与澜湄流域国家的交往变得常态化。

二 拓展发展期（1992—2002 年）

1992—2002 年，是澜湄民心相通的拓展发展期。1992 年，地处大湄公河次区域的 6 个国家首次联合举行部长级会议，象征并标志着大湄公河次区域经济合作机制的正式发力和启动。多年以来，该机制在推动经济一体化、促进大湄公河次区域经济社会发展等方面成效明显。1992 年，中国推出沿边开放战略，1997 年亚洲金融危机后，中国为湄公河流域国家提供援助，澜湄流域的多边关系日益密切。

1992 年，亚洲开发银行在其总部所在地菲律宾马尼拉召开了由泰国、柬埔寨、中国、老挝、缅甸、越南 6 个沿岸国家代表团参加的第一届澜沧江—湄公河次区域经济合作会议，此后每年召开一次，在1993年第二届会议上初步形成了交通、能源、环境与自然资源管理，人力资源开发，经贸与投资、旅游等6个领域的合作框架，这次会议上亚行首次在文件中使用"大湄公河次区域"（GMS）一词。1994年第三届会议第一次使用"部长级会议"一词，1994年的第四次会议已确定交通论坛和电力论坛两个论坛的形式促使次区域合作由务虚变成务实。根据《中国统计年鉴》数据，自1991年起，中国与澜湄国家贸易往来的数据才全面更新，1991年以前的部分数据因为量少而且不全，未纳入统计范畴，这也侧面证明1978—1991年是澜湄民心相通的恢复发展期。1991—2002年中国与澜湄国家的贸易往来概况可以看出，此阶段贸易往来呈现逐年稳步上升趋势（见表2-1）。

表2-1　　　　　　中国与澜湄国家贸易往来概况　　　　（单位：亿美元）

年份	中缅	中柬	中老	中泰	中越	总额
1991	3.92 (+19.88%)	0.02 (-33.33%)	0.13 (-18.75%)	12.69 (+6.28%)	0.32 (+357.14%)	17.08 (+10.41%)
1992	3.90 (-0.04%)	0.13 (+547.41%)	0.32 (+142.36%)	13.19 (+3.96%)	1.79 (+459.48%)	19.33 (+13.18%)
1993	4.89 (+25.36%)	0.22 (+66.26%)	0.41 (+28.87%)	13.52 (+2.47%)	3.97 (+121.88%)	23.01 (+19.01%)
1994	5.12 (+4.70%)	0.36 (+68.43%)	0.40 (-0.70%)	20.24 (+49.69%)	5.33 (+34.13%)	31.45 (+36.72%)
1995	7.67 (+49.74%)	0.57 (+58.10%)	0.54 (+34.37%)	33.62 (+66.16%)	10.52 (+97.50%)	52.94 (+68.29%)
1996	6.59 (-14.18%)	0.70 (+22.52%)	0.35 (-35.74%)	31.45 (-6.47%)	11.51 (+9.42%)	50.60 (-4.41%)
1997	6.44 (-2.28%)	1.21 (+71.84%)	0.29 (-17.48%)	35.15 (+11.76%)	14.37 (+24.78%)	57.45 (+13.53%)
1998	5.76 (-10.43%)	1.62 (+34.11%)	0.26 (-10.51%)	36.72 (+4.47%)	12.46 (-13.31%)	56.82 (-1.10%)

续表

年份	中缅	中柬	中老	中泰	中越	总额
1999	5.08 (-11.83%)	1.60 (-1.10%)	0.32 (+23.30%)	42.16 (+14.80%)	13.18 (+5.82%)	62.34 (+9.72%)
2000	6.24 (+22.26%)	2.24 (+39.66%)	0.41 (+28.83%)	66.24 (+57.13%)	24.66 (+87.12%)	99.76 (+60.04%)
2001	6.32 (+1.65%)	2.40 (+7.56%)	0.62 (+51.49%)	70.51 (+6.44%)	28.09 (+13.87%)	107.93 (+8.19%)
2002	8.62 (+36.43%)	2.76 (+14.83%)	0.64 (+3.37%)	85.57 (+21.36%)	32.64 (+16.23%)	130.23 (+20.66%)

数据来源：《中国统计年鉴》（1991—2002），中国统计出版社。

三 全面发展期（2003—2012 年）

2003—2012 年，是澜湄民心相通的全面发展期。2003 年开始建立中国—东盟自由贸易区，形成了和平、平等、共赢的地区环境。其间，中缅、中柬、中老、中泰、中越间的贸易往来呈现稳步增长态势（见表 2-2）。

表 2-2　　　　　中国与澜湄国家贸易往来概况　　　（单位：亿美元）

年份	中缅	中柬	中老	中泰	中越	总额
2003	10.80 (+25.31%)	3.21 (+16.13%)	1.09 (+71.12%)	126.55 (+47.89%)	46.39 (+42.13%)	188.04 (+44.39%)
2004	11.45 (+6.08%)	4.82 (+50.23%)	1.14 (+3.75%)	173.42 (+37.04%)	67.42 (+21.58%)	258.25 (+37.34%)
2005	12.09 (+5.58%)	5.63 (+16.95%)	1.29 (+13.56%)	218.11 (+25.77%)	81.97 (+21.58%)	319.09 (+23.56%)
2006	14.6 (+20.74%)	7.33 (+30.09%)	2.18 (+69.37%)	277.26 (+27.12%)	99.49 (+21.38%)	400.87 (+25.63%)
2007	20.78 (+42.33%)	9.34 (+27.42%)	2.64 (+21.10%)	346.38 (+24.93%)	151.18 (+51.96%)	530.32 (+32.29%)

续表

年份	中缅	中柬	中老	中泰	中越	总额
2008	26.25 (+26.32%)	11.34 (+21.41%)	4.02 (+52.27%)	412.93 (+19.21%)	194.58 (+28.71%)	649.12 (+22.40%)
2009	29.00 (+10.48%)	9.44 (-16.75%)	7.52 (+87.06%)	381.91 (-7.51%)	210.45 (+8.16%)	638.32 (-1.66%)
2010	+44.42 (+53.17%)	14.41 (+52.65%)	10.85 (+44.28%)	529.37 (+38.61%)	300.86 (+42.96%)	899.91 (+40.98%)
2011	65.01 (+46.35%)	24.99 (+73.42%)	13.0 (+19.82%)	647.34 (+22.28%)	402.08 (+33.64%)	1152.42 (+28.06%)
2012	69.72 (+7.25%)	29.23 (+16.97%)	17.21 (+32.38%)	697.51 (+7.75%)	504.39 (+25.44%)	1318.06 (+14.37%)

数据来源：《中国统计年鉴》(2003—2012)，中国统计出版社。

四 成熟发展期（2013年至今）

2013年至今，是澜湄民心相通的成熟发展期。澜湄合作机制启动，澜湄流域经济发展带、命运共同体建设成效明显。这一时期，澜湄合作又可以分为酝酿起步期、成长发展期和拓展深化期。

（一）酝酿起步期（2013—2015年）

中国谚语说，邻居好，赛金宝。在保持与东盟共同体、"10+1"、"10+3"等地区合作机制的基础上，中国积极响应倡议发起国——泰国的倡议，2014年11月明确提出：在原有的中国—东盟（10+1）框架下，创新设立澜沧江—湄公河对话合作机制。2015年11月12日，澜沧江—湄公河流域的6个国家联合在中国的云南省景洪市，举行了澜湄合作的首次外长会，此次六国外长会正式宣布了澜湄合作这一新生机制的建立，并明确确立了"澜湄国家命运共同体"的共同目标和发展方向，搭建了"3+5"（三大支柱+五大优先领域）的合作框架（见图2-1）。

（二）成长发展期（2016—2018年）

2016年3月23日，澜沧江—湄公河流域的6个国家联合在中

第二章　改革开放以来澜湄民心相通的历史演进分析　/　21

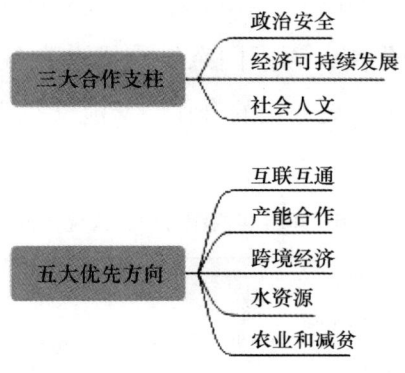

图 2-1　澜湄"3+5"合作框架

资料来源：澜湄合作中国秘书处。

国的海南省三亚市举行了澜湄合作的首次领导人会议，此次 6 个国家的领导人会议标志着澜湄合作这一新生机制的正式启动，为澜湄合作奠定了坚实的基础，指明了前进的方向。2016 年 12 月 23 日，澜沧江—湄公河流域的 6 个国家联合在柬埔寨的暹粒举行澜湄合作的第二次外长会议，此次外长会议就加强澜湄合作的顶层设计和长远规划以及制定澜湄合作的五年行动计划达成共识。2017 年 12 月 15 日，澜湄合作第三次外长会在云南省大理州举行，会议一致认为，澜湄合作正从培育期进入成长期，澜湄合作需要共同致力于培育以"平等相待、真诚互助、亲如一家"为内涵的澜湄合作文化，共同努力，致力于将澜湄合作机制打造成为南南合作以及深入落实联合国 2030 年可持续发展议程的引领机制、示范机制和样板机制。2018 年 1 月 10 日，澜沧江—湄公河流域的 6 个国家联合在柬埔寨的金边举行了澜湄合作的第二次领导人会议，此次 6 个国家的领导人会议联合发表了《澜湄合作五年行动计划》《澜湄合作第二次领导人会议金边宣言》，为加速进入成长期的澜湄合作规划了蓝图、确立了"航向"。2018年12月17日,澜沧江—湄公河流域的6个国家联合在老挝的琅勃拉邦市举行了澜湄合作的第四次外长会议,此次外长会议高度赞赏了澜湄已有合作成果,以及对增进澜湄6个国家民众福祉所发挥的积极作用,六国同意继续推动在教育、卫生、青年等领域进行更深入更全面更务实的合作与交流(见表2-3)。

表2-3　　　　2016—2018年澜湄合作会议统计表

会议名称	地点	举办时间	会议内容
澜沧江—湄公河合作首次领导人会议	中国海南三亚	2016年3月1日	澜湄合作机制正式启动
澜沧江—湄公河合作第二次外长会	柬埔寨暹粒	2016年12月23日	探讨制定澜湄合作五年行动计划
澜沧江—湄公河合作第三次外长会	中国云南大理	2017年12月15日	落实进展并就澜湄合作未来发展方向、第二次领导人会议筹备工作等深入交换了意见
澜沧江—湄公河合作第二次领导人会议	柬埔寨金边	2018年1月11日	发表《金边宣言》,为澜湄合作机制指明未来十年发展进程
澜沧江—湄公河合作第四次外长会	老挝琅勃拉邦	2018年12月17日	落实第二次领导人会议成果,规划澜湄合作下一步发展,并为第三次领导人会议做准备

数据来源:新华社。

(三)拓展深化期(2019年至今)

2020年2月20日,澜湄合作第五次外长会在老挝万象举行,会议鼓励六国开展更多民间和文化交流活动,提升民众澜湄意识。2021年6月8日,澜湄合作第六次外长会在中国重庆举行,此次会议正值中国和东盟建立对话关系30周年,也是纪念中国—东盟建立对话关系30周年的特别外长会,具有承上启下、继往开来的特殊意义,会议梳理了澜湄合作取得的进展,总结了合作经验,对不断深化各领域合作指明了方向。

2013年以来,中缅、中柬、中老、中泰、中越间的合作领域广泛,贸易往来呈现迅猛发展态势(见表2-4)。

表2-4　　　　中国与澜湄国家贸易往来概况　　　(单位:亿美元)

年份	中缅	中柬	中老	中泰	中越	总额
2013	101.96 (+46.24%)	37.73 (+29.08%)	27.33 (+58.80%)	712.41 (+2.14%)	654.78 (+29.82%)	1534.21 (+16.40%)
2014	249.69 (+144.89%)	37.57 (-0.42%)	36.17 (+32.35%)	726.21 (+1.94%)	836.36 (+27.73%)	1886 (+22.93%)
2015	151.0 (-39.53%)	44.30 (+17.91%)	27.73 (-23.33%)	754.60 (+3.91%)	958.49 (+14.60%)	1936.12 (+2.66%)
2016	122.86 (-18.64%)	47.61 (+7.47%)	23.47 (-15.36%)	757.27 (+0.35%)	982.76 (+2.53%)	1933.97 (-0.11%)
2017	134.75 (+9.68%)	57.91 (+21.63%)	30.24 (+28.85%)	801.38 (+5.82%)	1219.92 (+24.13%)	2253.2 (+16.51%)
2018	152.32 (+13.04%)	73.84 (+27.51%)	34.72 (+14.81%)	875.08 (+9.20%)	1478.33 (+21.18%)	2614.29 (+16.03%)
2019	186.99 (+22.76%)	94.25 (+27.64%)	39.19 (+12.87%)	917.46 (+4.82%)	1619.85 (+9.57%)	2857.74 (+9.31%)
2020	188.94 (+1.04%)	95.51 (+1.33%)	35.79 (-8.67%)	986.53 (+7.52%)	1922.90 (+18.70%)	3229.67 (+13.01%)

数据来源:《中国统计年鉴》(2013—2020),中国统计出版社。

第三章

改革开放以来澜湄民心相通的比较分析

第一节 中泰民心相通的历史演进分析

一 改革开放以来中泰民心相通的发展阶段

（一）恢复交流阶段（1978—1998年）

中国与泰国是近邻，两国交往历史悠久，可追溯到西汉时期。中泰两国于1975年7月1日签署《中泰建交联合公报》，正式建立外交关系。自此，两国关系稳步提升，政治互信不断增强，经贸合作持续加强，教科文卫、旅游交流、民间往来等日益加深。1978年，中国与泰国签订了《科技合作协定》，致力于推动更广泛的科技合作项目向多个领域深入展开；1996年，中国与泰国签订了《文化合作协议》，旨在进一步加强两国在教育领域的交流与合作。从1981—1992年泰国来华留学生的人数变化可以看出，两国文化交流持续推进（见表3-1）。

表3-1　　　　　　　泰国来华留学生人数概况

年份	1981	1982	1983	1984	1985	1986	1987	1988	1989	1990	1991	1992
人数	12	11	8	13	11	2	16	5	7	6	7	8

数据来源：《中华留学教育史录：1949年以后》。

（二）拓展交流阶段（1999—2012年）

提起中泰两国关系，人们总会说"中泰一家亲"，从历史和现实来看，中泰关系一直走在中国与澜湄国家乃至东盟国家的前列。1999年，中泰两国签署《关于二十一世纪合作计划的联合声明》；2001年，两国签署新世纪第一份涉及教育、文化合作的协定《关于文化合作的协定》，就教育、科技、文化等领域的合作达成共识；2007年，两国签署《战略性合作共同行动计划》，将中泰关系提升到"战略性合作"关系，至此，泰国成为中国在澜湄地区乃至东南亚地区最亲密的合作伙伴之一。2007年，中泰相互承认对方的高等教育学历和学位；2009年，双方签署教育合作协定；2012年，中国与泰国签署了《关于建立全面战略合作伙伴关系的联合声明》，明确了"加强汉语教学合作，推动双方学生交流，支持孔子学院、孔子课堂的发展和中国的泰语研究，设立文化中心，推广本国文化"等措施和内容。

（三）全面交流阶段（2012—2015年）

2012年，伴随中泰建立全面战略合作伙伴关系，中泰民心相通进入到了新的发展阶段；2012年，中泰两国签署《经贸合作五年发展规划》；2013年，中泰两国发表《中泰关系发展远景规划》；2014年，中国与泰国两个国家的央行签署了《关于在泰国建立人民币清算安排的合作谅解备忘录》，同时，还续签了《双边本币互换协议》，为双方货币清算、金融贸易提供了强有力的制度支撑；2015年，中泰双方签署了关于大熊猫"创创"和"林惠"的合作延期的协议文本。

（四）澜湄合作阶段（2016年至今）

2016年3月23日，中国、泰国、缅甸、老挝、柬埔寨、越南6国领导人齐聚中国海南三亚，举行澜湄合作首次领导人会议，宣布正式启动澜沧江—湄公河合作机制，从此中泰民心相通及澜湄民心相通进入澜湄合作阶段；2017 年，中泰签署《关于共同推进"一带一路"建设谅解备忘录》，与泰国东部经济走廊建设深入对接和融合；2018 年，中泰两国成立中泰职业教育联盟，推动双方职业教育合作；2019 年，在中华人民共和国成立 70 周年前夕，中国授予泰国诗琳通公主"友谊勋章"。目前，中泰两国已经缔结 40 组友好城市和省府。

二 改革开放以来中泰民心相通的驱动因素

（一）亲缘关系带来的心灵相通

"泰中一家亲"反映了两国关系的特殊性，放眼中国周边国家，只有泰中两国间使用了"一家亲"的描述，这从一个侧面说明，中泰两国人民因亲缘关系而更具有亲近感，同时，也更容易心灵相通。中泰建交以来，不管两国国内及外部形势发生什么变化，两国友谊从未间断，始终保持了难能可贵的稳定可持续发展。中泰两国之所以有这样的特殊关系，其重要原因是两国人民有着相同或相似的思想理念。

（二）文化认同带来的文化相通

中泰之间具有数千年的文化交流历史，两国文化的相通性和相似性，促使彼此间的文化相互交融和影响，促使两国人民有着相同或相似的传统习俗和生活方式，特别是大量华人移居泰国，推动了中国文化走出去，带动了泰国出现"汉语热"，加深了两国人民对彼此文化的认同感。以节日文化为例，春节、中秋节等节日在泰国被广泛接受，泰国 2004 年创办了"欢乐春节"，2020 年春节被列为泰国的法定节假日。

（三）战略互信带来的利益相通

作为全面战略合作伙伴，中泰双方之间彼此尊重、彼此信任、彼此支持，战略互信非常高。近几年来，中国与泰国的双边经贸关系取得了全方位、跨越式、可持续的发展。2021年,中国与泰国的双边贸易额突破了千亿美元的大关,达到历史最高的1310亿美元,增速达33%,中国连续9年成为泰国第一大贸易伙伴和农产品出口市场。下一步,随着"一带一路"建设与"泰国4.0"战略的深度对接,借势RCEP生效实施和中老铁路开通等契机,双方经贸合作将进一步彰显活力和生机。

第二节 中柬民心相通的历史演进分析

一 改革开放以来中柬民心相通的发展阶段

(一)重构关系阶段(1978—1992年)

中柬两国于1958年建立外交关系,1978年,柬越战争爆发,1979年,柬埔寨国王西哈努克亲王流亡到北京,在中国领导柬埔寨人民争取国家独立和民族解放斗争,直至1990年,越南军队撤出柬埔寨,西哈努克才得以回国;1992年,中国向柬埔寨派遣工兵部队,执行维和任务,这也是中国首次参与联合国维和行动。

(二)全面合作阶段(1993—2009年)

1993年,随着柬埔寨新政府的成立,中国与柬埔寨的双边关系也随之进入了全新的历史发展阶段,中国与柬埔寨的高层领导双边的互访频繁,双方一致同意加强在政治联系、经贸合作、教育交流、文化交往等各个层面、各个领域之间的合作;1996年,中国与柬埔寨共同签订了促进贸易和投资保护的协定文件;2000年,中国与柬埔寨联合成立了两国经济贸易合作委员会,同年,中国与柬埔寨联合签署了《中柬关于双边合作的联合声明》,确定了中国与柬埔寨致力于在21世纪发展更加密切和稳固的传统睦邻友好关系;2002年,中国时任国务院总理朱镕基访问柬埔寨,中国与柬埔寨双方一致同意把人力资源开发等项目作为双边合作的重点领域和重点内容；2006年，中国与柬埔寨发表《联合公报》，双方宣布建立全面合作伙伴关系，标志着中国与柬埔寨的关系又更上了一层楼。

（三）战略合作阶段（2010—2016年）

2010年，柬埔寨首相洪森访问中国时，中国与柬埔寨双方一致同意将双边关系升级为"全面战略合作伙伴关系"；2012年，中国时任国家主席胡锦涛对柬埔寨开展国事访问，中国与柬埔寨共同发表了联合声明；2013年以来，中国与柬埔寨频繁互动，双边关系更加深入、务实、高效，进一步推动了"柬铁"的兄弟关系。2013年，柬埔寨首相洪森出席博鳌亚洲论坛2013年年会并对中国进行了正式访问；2015年，柬埔寨国王西哈莫尼出席了中国人民抗日战争暨世界反法西斯战争胜利70周年纪念活动；2016年，柬埔寨首相洪森出席了在中国举行的澜沧江—湄公河6个国家首次领导人会议及博鳌亚洲论坛2016年年会。中国与柬埔寨的频繁高层往来，进一步推动了双边关系的持续向好。经过战略合作阶段的多年积累，中国与柬埔寨双方同意，进一步巩固睦邻友好，深化互利合作，沟通促进和推动中柬"全面战略合作伙伴关系"的不断深入、持续发展。

（四）澜湄合作阶段（2016年至今）

2016年3月23日，中国、柬埔寨、缅甸、老挝、泰国、越南六国领导人齐聚中国海南三亚，举行澜湄合作首次领导人会议，宣布正式启动澜沧江—湄公河合作机制，中柬民心相通及澜湄民心相通进入了澜湄合作的新阶段。2016年10月，中国国家主席习近平出访柬埔寨，推动系列合作落地落实、开花结果，期间，中国与柬埔寨联合签署了《关于编制共同推进"一带一路"建设合作规划纲要的谅解备忘录》等31项合作文件，创双边合作签署文件数量之记录。2017年，中国超越越南成为柬埔寨第一大游客来源国。

2019年,中国与柬埔寨联合签署了《构建命运共同体行动计划》,中柬双方进一步明确,共同致力于构建"相互尊重、公平正义、合作共赢"的新型国际关系,打造具有战略意义的命运共同体,由此,中柬双方关系达到了历史的新高度。

二 改革开放以来中柬民心相通的驱动因素

(一)政治互信稳固

中柬两国人民的友好交往可以追溯到两千多年前的东汉时期,历史上中柬两国历来素无恩怨。柬埔寨被称为中国的"老铁",在中国同澜湄各国和东南亚国家的交往中,柬埔寨扮演了重要而友好的角色。当前,中柬关系堪称"和睦相处的好邻居、情同手足的好兄弟、肝胆相照的好朋友、休戚与共的好伙伴"。

(二)合作基础坚实

长期以来,柬埔寨政府在"和平、中立、不结盟"的外交政策指引下,务实推行积极、友善的对华政策,中柬双方采取各种方式,强化在科技创新与合作、教育交流与交往、人力资源培养与开发、项目共建与共享等各个领域、各个层次之间的友好合作,彼此之间相互形成了一种密不可分、相互依存的友谊关系,双方在人文交流等方面具备天时、地利、人和的有利条件,中国已经连续多年成为柬埔寨第一大境外客源国和外资来源国。

(三)精神文化相通

回溯历史可以发现,在国家利益与国家建设等核心问题上,中柬双方具有顶层的共同价值、中层的社会组织和基层的人民意志三个支撑点。中柬两国人民深受儒家兼济天下的文化和佛教普度众生的思想影响,长久以来都拥有睦邻友好、团结共赢的思想价值和精神文化,两国民众心灵相通、感情相亲、守望相助,相互认可度和好感度与日俱增。

第三节　中老民心相通的历史演进分析

一　改革开放以来中老民心相通的发展阶段

（一）紧张疏远阶段（1978—1985 年）

中老两国于 1961 年建交，至 70 年代末期，双方关系发展良好。然而，1978 年，越南入侵柬埔寨，老挝选择站在越南一方，老挝人民革命党采取"亲越、靠苏、反华"的外交政策；1980 年，两国大使先后回国，双方关系陷入非正常状态。

（二）恢复改善阶段（1986—1993 年）

1986 年，中老两国副外长实现互访，双方就恢复关系、互派大使、开展贸易和边民互市等问题进行磋商并达成共识；1988 年，中老两国恢复互派大使，双方实现了关系正常化；1989 年，中老双方签署《中老领事条约》《关于互免签证的协议》等多项协定，从此，两国关系进入了全面恢复和改善阶段；1990 年，时任中国政府总理李鹏第一次访问老挝，老挝还把中国列为 4 个友好国家之一，标志着双方友好关系和全面合作进入了一个新的阶段；1991 年，中老双方签署《老中民航谅解备忘录》；1993 年，中老双方签署《中老边界制度条约》，标志着两国圆满解决了历史遗留的边界问题。

（三）高速发展阶段（1994—2008 年）

1994 年，中老双方签署《中老湄公河—澜沧江客货运输协定》；1996 年，中老双方签署《中老旅游合作协定》；1997 年，中老双方签署《中老关于成立两国经贸技术合作委员会协定》；1999 年，中老双方签署《中老避免双重征税协定》；进入 21 世纪，时任中国国家主席江泽民访问老挝，中老双方共同签署了《关于双边合作的联合声明》等 6 个文件，进一步推动了中国与老挝双边关系的高速发展；2000年，中国与老挝明确建立"长期稳定、睦邻友好、彼此信赖"的全面合作关系，进一步推动双边关系走深、走实；2006年，时任中国国家主席胡锦涛访问老挝，提出"推进青少年交往，继续向老挝派遣青年志愿者促进教育、卫生、旅游合作"等建议。

（四）战略合作阶段（2009—2016年）

2009年，中国与老挝领导人一致同意将中老双边关系提升为"全面战略合作伙伴关系"，这也标志着中国与老挝的双边关系进入了全新的战略合作阶段；2013年，中国提出"一带一路"倡议，与老挝提出并推行的"变陆锁国为陆联国"战略高度契合，为中国与老挝的双边合作提供了广阔的空间。老挝政府积极响应"一带一路"倡议，强化双边发展战略和宏观政策的对接匹配，与中方联合签署了《"一带一路"融资指导原则》《共建"一带一路"政府间双边合作规划》等文件，努力推动两国战略的落地生根、开花结果；2013年，中国与老挝政府一致同意建设高度互信互助互惠的中老"全面战略合作伙伴关系"；2016年，中老双方一致同意携手打造具有战略意义的、牢不可破的"命运共同体"。

（五）澜湄合作阶段（2016年至今）

2016年3月23日，中国、老挝、柬埔寨、缅甸、泰国、越南6国领导人齐聚中国海南三亚，举行澜湄合作首次领导人会议，宣布正式启动澜沧江—湄公河合作机制，中老民心相通及澜湄民心相通进入澜湄合作阶段；2019年，中老双方决定启动实施《关于构建中老命运共同体行动计划》，进一步打造老中命运共同体，当年，中方赴老挝游客突破100万人次，较30年前增长了100倍，老挝在华留学生超过1.5万人、排名全球第八；如今，中老双边关系正处于最好的历史时期，中老已经成为好邻居、好朋友、好同志和好

二 改革开放以来中老民心相通的驱动因素

（一）有着相同的社会制度

中老两国同属社会主义国家，都是共产党执政，具有民心相通的根基和保障，尤其是在东欧剧变、苏联解体后，社会主义国家只剩中国、老挝等5个国家，促使双方关系更加密切。实践证明，中老两国虽然发展模式和现状略有不同，但是，双方都秉承着社会主义的伟大理想，为中老民心相通提供了根本遵循。

（二）有着相似的意识形态

志同道合是伙伴，命运与共是朋友，中老两国在涉及双边关系、地区乃至国际事务等重大问题上，有着很多的共同点和广泛的共识性，具有相似的意识形态理念。面对百年未有之大变局，如何珍视中老友好，携手破解冷战思维、反对霸权主义、抵制强权政治，坚定捍卫自身利益，是摆在中老两国面前的现实问题，也是驱动中老民心相通向前发展的重要因素。

（三）有着共同的利益追求

中老两国山水相连，双方在冷战时期虽然因越南、苏联因素出现过紧张和疏远，但是，在冷战结束后，双方的共同利益和命运驱动两国关系快速恢复和改善，并走向高速发展的全新阶段。长期以来，中老两国在反对和平演变、反对恐怖主义、反对外来干涉等许多方面有着相同的立场和共同的利益，利益驱动为中老民心相通提供了现实遵循。

第四节　中越民心相通的历史演进分析

一　改革开放以来中越民心相通的发展阶段

（一）冲突与对峙阶段（1978—1990年）

1978年，越共四届四中全会把中国确定为越南"最直接最危险的敌人"；同时，越南大力推行向外扩张战略和地区霸权主义，出兵柬埔寨，直至1989年，越南才从柬埔寨撤军，长达十余年的柬越战争，致使中越两国的关系也进入冲突与对峙阶段；其间，越南还大肆驱逐华侨和制造反华舆论，不断寻衅挑事，制造边境冲突事件，一而再、再而三地侵犯中国领土主权，1979年2月17日至3月16日，中国人民解放军边防部队对不断武装侵犯中国领土的越南地区霸权主义者进行了自卫反击战，在我军主动撤退后，越南集结武装力量反扑，占领了中国边境的老山、者阴山等地的大量制高点。1984—1989年，中国军队开展"两山轮战"，抽调各军区部队轮番上阵，对越南军队控制的老山和者阴山等众多据点进行集中拔点作战，最终成功收回并控制了大部分边界骑线点。

（二）磨合与恢复阶段（1991—2000年）

1991年，中越两国宣布恢复在各方面的交流与合作，标志着两国关系恢复正常化，进入磨合与恢复阶段。1994年，时任中共中央总书记、国家主席江泽民访问越南，提出了在内涵上既有延续性又有发展性的"明确方向、逐步推进、大局为重、友好协商"的16字双边关系指导方针；1994年，中越双方签署《服务合作协定》《中越旅游合作协定》；1996年，中国成为越南第一大客源地；1999年，中越双方签订《中国和越南陆地边界条约》，解决了历史遗留的边界领土争端问题。1991—2000年，中越两国双边互访趋于频繁（见表3-2）。

表 3-2　　　　　1991—2000 年中越两国领导人互访统计

时间	内容	访问成果
1991.11.05—11.10	越共中央总书记杜梅访华	发表《中越联合公报》
1992.11.30—12.04	中国国务院总理李鹏访越	发表《中越联合公报》
1993.11.09—11.15	越南国家主席黎德英访华	
1994.02.21—03.01	越南国会主席农德孟访华	
1994.11.19—11.22	中共中央总书记江泽民访越	发表《中越联合公报》
1995.11.26—12.02	越共中央总书记杜梅访华	发表《中越联合公报》
1996.06.30—07.01	中国国务院总理李鹏访越	出席越共八大
1997.07.14—07.18	越共中央总书记杜梅访华	
1998.10.19—10.23	越南政府总理潘文凯访华	
1998.12.17—12.19	中国国家副主席胡锦涛访越	
1999.02.25—03.02	越共中央总书记黎可漂访华	发表《中越联合声明》并签署《越中经济技术合作协议》
1999.12.01—12.04	中国国务院总理朱镕基访越	就两国陆地边界谈判达成共识
2000.04.04—04.10	越南国会主席农德孟访华	
2000.09.25—09.28	越南政府总理潘文凯访华	
2000.12.25—12.29	越南国家主席陈德良访华	发表《关于新世纪全面合作的联合声明》

数据来源：新华社。

（三）合作与共赢阶段（2000—2015 年）

2000 年，中越双方发表《中越新世纪全面合作的联合声明》，签署《中越北部湾划界协定》《中越北部湾渔业合作协定》等；2001 年，中国与越南签署了《中越两国政府经济技术合作协定》《中越两国政府关于中国向越南提供优惠贷款的框架协议》；2008 年，中越双方建立全面战略合作伙伴关系。2011 年，中国与越南签署了《关于指导解决中越海上问题基本原则协议》，为双边解决南海争端提供了制度保障和机制支撑；2015 年，中越两党签署了《中国共产党和越南共产党合作计划（2016—2020 年)》。

（四）澜湄合作阶段（2016年至今）

2016年3月23日，中国、越南、缅甸、老挝、泰国、柬埔寨6国领导人齐聚中国海南三亚，举行澜湄合作首次领导人会议，宣布正式启动澜沧江—湄公河合作机制，中越民心相通及澜湄民心相通进入澜湄合作阶段；2017年，中国国家主席习近平对越南进行国事访问，这是中共十九大召开后党和国家领导人的首次外访，标志着新时代中国特色大国外交新篇章的开启。近年来，中越双方已经连续举办了多次友好交流活动、举行了多次海警联合巡航、开通了多地跨境班列，中国已经连续多年成为越南最大贸易合作伙伴，越南也是中国在东盟地区的最大合作伙伴。

二　改革开放以来中越民心相通的驱动因素

（一）特殊的党际关系和国家关系

中越两国是"有着悠久传统友好关系的社会主义邻邦"，在5个社会主义国家中，中越作为相邻的两个社会主义国家，双方在各自争取民族独立和人民解放的过程中相互支持、交流频繁。由于双方具有特殊的党际关系和国家关系，加之双方意识形态相同，在长期交往中形成了特殊的"同志加兄弟"关系，促使中越两国关系更加稳健和富有韧性。

（二）频繁的高层互动和民间交流

频繁的高层互动和民间交流，是中越两国表现出的不同于世界上其他双边关系的特征之一。中越关系正常化以来，中越两国至少每年有一次领导人互访，即使在中越关系波动时期，两国的高层互动也从未间断。高频次的、从未间断的年度中越领导人互访，是中越双边关系所特有的政治互动模式，在世界各国的双边关系中，是独一无二的。中越两国从政党、政府、民间的三个维度，形成了体系性的中越交流与合作机制，共同促进着中越两国间的友好交往和中越两国的民心相通。

（三）共同的利益诉求和发展需要

中越是永远搬不走的邻居，对中越两国来说，两国的政治制度相似、理想信念相同、发展道路相近、前途命运相关，这种天然的命运共同体基础，决定了中越具有共同的利益诉求和发展需要。历史和现实证明，坚持社会主义发展道路、维护中越两国的制度安全是中越两党两国最根本的共同战略利益，加强中越的互利合作、促进中越的共同发展，这是中越双方在各自发展和融入世界的过程中不可或缺的现实需求和战略考量。

第五节　中缅民心相通的历史演进分析

一　改革开放以来中缅民心相通的发展阶段

（一）稳步发展阶段（1978—1999年）

1978年，时任中国国务院副总理邓小平将缅甸作为第一个出访对象，应邀对缅甸进行友好访问，体现了中缅良好的传统友谊；1979年，缅甸总理吴貌貌卡同样将中国作为任职后的第一个出访对象，应邀访问中国，双方签署了经济技术合作协定；1980年，缅甸总统、国务委员会主席奈温第11次访华；随后几年，中缅两国领导人频繁互访，有力推动了中缅关系的恢复和稳步发展。1988年，缅甸国内发生政变，遭到以美国为首的西方国家长期制裁，期间，中国信守和平共处五项原则，严格遵守《联合国宪章》等国际秩序规定，坚持不干涉别国内政原则，尊重缅甸独立自主，赢得了缅甸人民的支持和赞赏，在缅甸的政局和形势稳定后，中国继续保持同缅甸的友好往来，确保了中缅双边关系的稳步向前发展。

（二）全面合作阶段（2000—2015年）

2000年，中缅签署《中华人民共和国和缅甸联邦关于未来双边关系合作框架文件的联合声明》，中方同意把缅甸作为中国公民出境旅游的目的地，双方共同致力于强化在教育合作、科技开发、文化交流、医疗卫生、体育交往、宗教互鉴等方面的交流与合作；2001年，时任中国国家主席江泽民赴缅甸开展国事访问，中国与缅甸共同签署了《中缅两国政府投资保护协定》《中缅两国政府经济技术合作协定》《中缅两国政府渔业合作协定》等7个文件，持续推动双边合作走深走实；2011年，中缅两国共同签署了《中国与缅甸关于建立全面战略合作伙伴关系的联合声明》，标志着中国与缅甸的双边关系进入了全面战略合作的新阶段。

（三）战略合作阶段（2016年至今）

2016年3月23日，中国、缅甸、老挝、泰国、柬埔寨、越南6国领导人齐聚中国海南三亚，举行澜湄合作首次领导人会议，宣布正式启动澜沧江—湄公河合作机制，中缅民心相通及澜湄民心相通进入澜湄合作阶段；2020年，中国国家主席习近平新年首访缅甸，双方一致同意以建交70周年为契机，弘扬中缅"胞波"情谊，打造中缅命运共同体，推动中缅关系进入新时代；中缅双方将2020年共同确定为"文化旅游年"，旨在通过系列文化交流、旅游交往来密切中缅双边的交流交往交融，增进中缅民心相通，助力中缅两国人民守望相助、互惠共赢，成为永远的好邻居、好朋友和好伙伴。

二 改革开放以来中缅民心相通的驱动因素

（一）政治上高度互信

中缅两国互为友邻，自古以来，双方就保持着传统的、友好的、紧密的联系，具有源远流长、积淀深厚的历史情谊。中国是缅甸的最大邻国，双方拥有2186千米的共同边境线，建交70余年来，中缅双方始终心意相通、真诚相交。近代以来，中缅两国反帝国主义的共同遭际,产生了唇齿相依、患难与共的战斗友谊。

(二)人文上广泛交融

"胞波"感情重,江水溯源长。中缅"胞波情"缘起于两国人民共饮一江水。基于中缅自古以来就有的深厚历史情谊,改革开放以来,在地缘、人缘、文缘等因素的驱动和影响下,中缅两国在广泛人文交流和交往中,成为和平共处、睦邻友好的胞波兄弟,两国人民都期待和向往守望相助、命运一体的美好未来。

(三)经济上全面合作

作为友邻,中国和缅甸两个国家之间拥有着巨大的战略利益和现实利益关系。在地理层面,缅甸地处亚洲的重要"十字路口",是沟通中国与东南亚、南亚、环印度洋地区的主要陆上通道。多年以来,双方在互尊、互信、互助的基础上,加强经济、文化等方面的合作与往来,在"一带一路"建设、"中缅经济走廊"建设等方面深化合作,惠及中缅两国民生,树立了大国与小国之间平等相待、互利共赢、共同发展的国际标杆和国际典范。目前,中国已连续多年成为缅甸最大的外资来源国和缅甸最大的贸易伙伴国。

第四章

改革开放以来澜湄民心相通的现状实证分析

南方丝绸之路蕴含着"人心向善、人心相通，人同此心、心同此理"的文化内涵和人文精神，见证了中国与沿线国家特别是澜湄流域国家源远流长的民间交往。改革开放以来，中国非常重视与周边国家特别是澜湄国家之间的友好交往，积极的政府外交活动为民间往来和民心相通奠定了坚实基础，在实践层面取得了丰硕的成果。2015年3月，中国国家发展和改革委员会、外交部等部委联合发布了《推动共建丝绸之路经济带和21世纪海上丝绸之路的愿景与行动》文件，从教育、文化、旅游、卫生、科技、就业、民间交流七个方面对民心相通的范围进行了归纳概括。

第一节 指标内容

本书基于澜湄民心相通的实际，从教科文卫体、旅游交流、民间往来三个层面分析总结改革开放以来澜湄民心相通的实践成果（见表4-1）。

表4-1　　　　　中国与澜湄国家民心相通指标内容

一级指标	二级指标	数据来源
教科文卫体	科研合作数量	Web of Science 数据库
	百万人拥有孔子学院数量	孔子学院总部
旅游交流	旅游目的地热度	国家发改委互联网大数据分析中心
	来华旅游人数	中国旅游统计年鉴
民间往来	中国网民对该国的关注度和搜索量	国家发改委互联网大数据分析中心
	该国网民对中国的关注度和搜索量	国家发改委互联网大数据分析中心
	友好省市数量	中国国际友好城市联合会
	民众好感度	专家打分

第二节　指数排名

从中国与泰国、柬埔寨、老挝、越南、缅甸各个国家之间的科研合作数量、百万人拥有孔子学院数量、中国网民对该国的关注度和搜索量、旅游目的地热度、来华旅游人数、该国网民对中国的关注度和搜索量、友好省市数量、民众好感度等方面的数据，可以看出中国与澜湄国家民心相通指数排名（见表4-2）。

表4-2　　　　　中国与澜湄国家民心相通指数排名

指标	泰国	柬埔寨	老挝	越南	缅甸
科研合作数量	0.6	0.2	0.2	0.4	0
百万人拥有孔子学院数量	0.2	0.14	0.18	0.11	0
中国网民对该国的关注度和搜索量	1	0.31	0.22	0.74	0.5
旅游目的地热度	1	0.6	0.4	0.6	0.4
来华旅游人数	0.41	0.25	0.29	0.57	0.27
该国网民对中国的关注度和搜索量	0.6	0.5	0.4	0.5	0.4
友好城市数量	0.8	0.77	0.72	0.8	0.66
民众好感度	0.8	0.7	0.7	0.1	0.5

续表

指标	泰国	柬埔寨	老挝	越南	缅甸
总评分	6.21	4.46	4.2	3.4	3.28
总评分（标准化）	9.66	6.95	6.54	5.3	5.1

数据来源：北京大学"一带一路"数据分析平台、广西民族大学刘亚敏课题组。

从中国与澜湄国家民心相通指数排名观察，中国与澜湄国家的民心相通程度出现一定的差异和分层，泰国的总评分排名第一，柬埔寨和老挝分列第二和第三，越南和缅甸分列第四和第五。总体而言，中国与澜湄国家民心相通的现状总体保持良好发展态势，同时，也还具有进一步拓展和发展的新空间（见图4-1）。

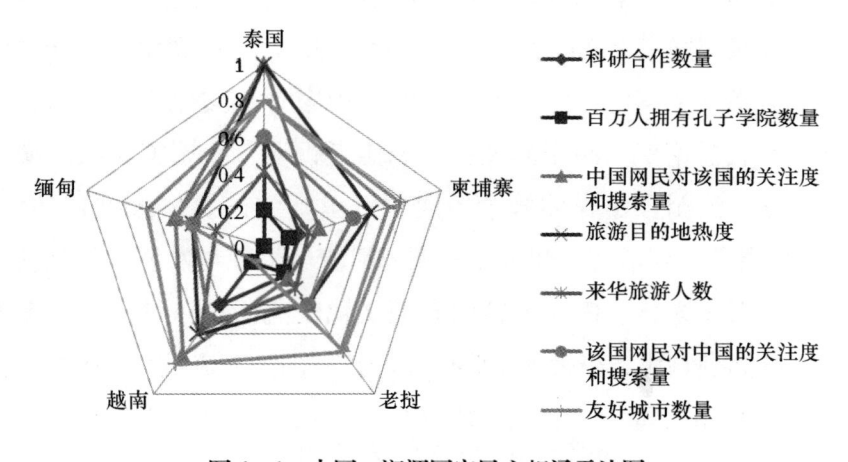

图4-1 中国—澜湄国家民心相通雷达图

第三节 现状分析

随着澜湄合作的不断深入，澜湄国家的民心相通建设不断推进。近年来，随着澜湄流域旅游圈的发展和壮大，中国已经连续多年成为湄公河流域5个国家旅游市场的最大客源国，中国游客赴湄公河流域5个国家的人数由2016年的1308万人次，快速增长至了2019年的2165万人次,其中,赴泰国和越南的游客人数分列第一、第二位。同时,湄公河五国赴华人数也在逐年稳步上升,中国与湄公河国家的人员往来于2019年多达5000多万人次。从中国文化和旅游部公布的数据来看,2019年,入境中国的游客人数达到1.45亿人次,其中,来自缅甸和越南两个国家的游客人数(含边民旅华人数)位居中国主要国际客源市场的第一和第二,泰国则位居中国主要国际客源市场的第十二,这在一定程度上也说明了澜湄国家之间的旅游交流比较"火爆"。① 在教育方面,"十三五"期间的数据显示,中国政府奖学金五年累计资助了3万余名湄公河流域5个国家的学生来华学习,以澜湄职业教育培训基地为例,其在云南省边境州市共建立了9个培训基地,累计培训来华务工人员4万余名,这也在一定程度上显示了澜湄国家之间的教育交流比较"热门"。在文化交流交往方面,先后举行了澜湄国际电影周、澜湄国家青年文化交流营、澜湄职业教育联盟论坛、澜湄高校百名志愿者行动、澜湄国家旅游城市合作论坛、澜湄合作媒体峰会、澜湄万里行中外媒体大型采访团、"锦绣澜湄"系列活动、澜沧江—湄公河流域治理与发展青年创新设计大赛等形式多样、内容丰富的澜湄文化交流活动,得到了澜湄六国民众的热烈响应,极大地增强了澜沧江—湄公河流域6个国家相关民众的"澜湄认同""澜湄情感"(见图4-2)。

一 中国与泰国民心相通现状分析

泰国是澜湄合作的首倡国,也是澜湄国家中第一个与中国建立战略性合作关系的国家。"中泰一家亲"能充分反映中泰民心相通的真挚情谊。调研分析发现,中国与泰国民心相通最为密切,中泰两国的民心相通指数排名位列澜湄国家的第一位,民心相通指标的

---

① 《2019年旅游市场基本情况》,中国旅游研究院。

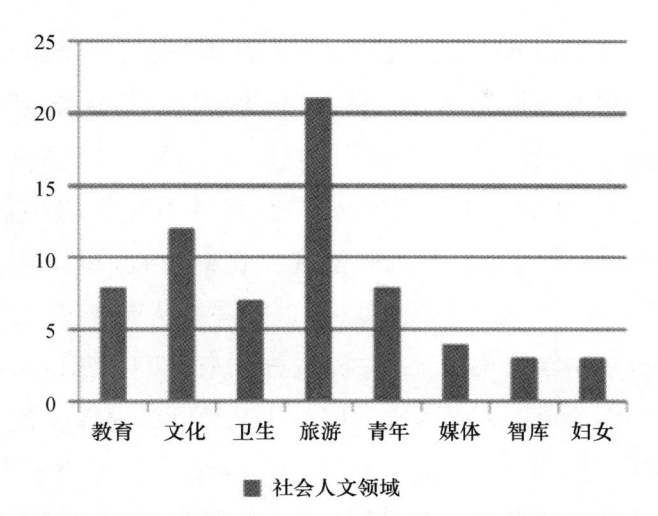

第四章 改革开放以来澜湄民心相通的现状实证分析 / 43

图 4-2 澜湄合作 3+5+1 文件中的相关话语数量一览

数据来源：澜湄合作中国秘书处。

各领域发展都呈现良好态势（见图 4-3）。

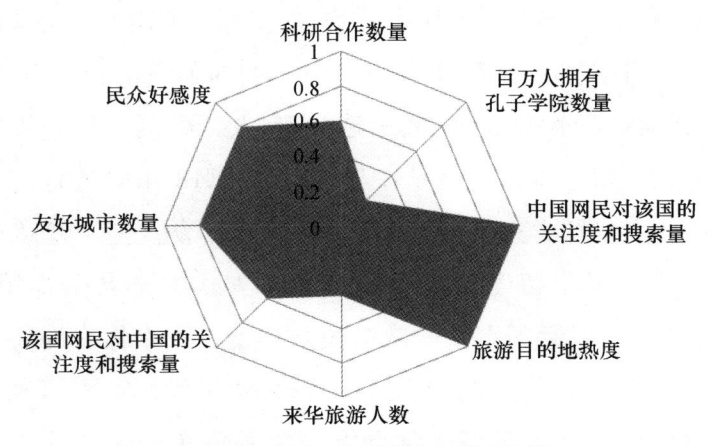

图 4-3 中国—泰国民心相通雷达图

（一）教科文卫体方面

从 Web Of Science 中获取的数据可知，中泰两国合作发表的科研论文呈现逐年增多的态势，在合作的广度和深度方面都有扩展和上升趋势，合作的科研论文涵盖教育文化、旅游管理、经贸发展以及农业现代化等领域。除此之外，中泰两国在教育领域的交流与合作形成了一定的规模和体系。自 2006 年泰国孔敬大学与中国西南大学合作创建泰国的第一所孔子学院以来，泰国已经累计有 27 家教育机构与中方合作，联合申请设立了 16 家孔子学院和 11 家孔子课堂，在泰国掀起了汉语学习热潮（见表 4-3）。2021 年，泰国专门成立孔子学院（课堂）发展联盟，以"众人拾柴火焰高"的理念，加快推动中泰文化交流和中泰友好往来。2003 年以来，中国已经连续累计派遣了两万多人次的国际中文教师志愿者，到泰国各地的 1000 多所大、中、小学任教。目前，泰国全国累计有超过 2000 所的中、小学校开设了汉语课程，泰国在校学习中文的学生人数已经突破 100 万人，排名全球第一位。目前，泰国已经成为澜湄国家中拥有孔子学院和孔子课堂最多的国家，也是全球孔子学院最密集、中文教学发展最迅速的国家。在此背景下，中泰两国间也掀起了"留学风"，根据泰国高等教育办公室（OHEC）数据显示，2009—2020 年在泰国就读大学的中国学生翻了两倍，仅 2017 年泰国各地大学招收的中国新生数量达 8455 人，中国已经连续多年成为泰国最大的留学生源国。从中国教育部 2018 年的教育统计数据可以看出，来华留学人员涵盖了 196 个国家，人数达 492185 人次，其中，泰国的来华留学生人数达 28608 人次，排名全球第二位。"中国功夫"和"泰国泰拳"常被民众称道，中泰体育交流成为两国文化与社会交往的重要内容。20 世纪 90 年代，中国国家举重队张嘉民教练作为援泰教练，帮助泰国举重队勇夺奥运冠军，2007 年，张嘉民教练获泰国国家奥委会颁发的四级国王白象荣誉勋章。同时，泰国排球教父加提蓬曾师从中国教练王果勇，泰国著名羽毛球运动员拉特查诺-因达农曾师从中国教练谢芝华。近年来，中泰还举行了中泰青少年足球文化交流、英雄传说——中泰拳王争霸赛等活动，中泰双方还联合发表了数量不少的科技期刊文章，有力地促进了中泰体育文化交流和民心相通。

表4-3　　　　　　　泰国孔子学院（孔子课堂）统计

类型	数量	名称
孔子学院	16	泰国农业大学孔子学院、清迈大学孔子学院、皇太后大学孔子学院、勿洞市孔子学院、玛哈沙拉坎大学孔子学院、宋卡王子大学孔子学院、宋卡王子大学普吉孔子学院、孔敬大学孔子学院、川登喜大学素攀孔子学院、朱拉隆功大学孔子学院、曼松德昭帕亚皇家师范大学孔子学院、东方大学孔子学院、易三仓大学孔子学院、海上丝路孔子学院、海上丝路·帕纳空皇家大学孔子学院、华侨崇圣大学中医孔子学院
孔子课堂	11	易三仓商业学院孔子课堂、玫瑰园中学孔子课堂、吉拉达学校孔子课堂、醒民学校孔子课堂、合艾国光中学孔子课堂、岱密中学孔子课堂、芭提雅明满学校孔子课堂、南邦嘎拉娅尼学校孔子课堂、暖武里河王中学孔子课堂、罗勇中学孔子课堂、普吉中学孔子课堂、

数据来源：孔子学院总部。

（二）旅游交流方面

中国和泰国的旅游资源都非常丰富，两国均是世界知名的旅游目的地。世界旅游组织（UNWTO）调查报告显示，中国位列2019年最受外国游客欢迎国家第四位；Visa全球旅游意向研究报告显示，泰国位列2022年国际游客选择最多的目的地第四位。在旅游目的地热度方面，作为最受中国网民欢迎的旅游目的地，中国网民对赴泰旅行的关注度位列澜湄国家第一位。从泰国旅游局公布的数据可以看出，2019年，中国赴泰国旅行的游客人数达到1098万人次，同比增长4.2%，占泰国接待游客总人数的18.65%。泰国旅游局统计数据显示，泰国来华旅游人数占每年泰国出境游客人数的一成以上，同时，超过60%的泰国民众在接受调研时，表示对来华旅游"非常有兴趣"或"有兴趣"（见表4-4、图4-4、图4-5）。

中泰旅游合作以来,两国一直在旅游签证便利度上进行深入协商,共同探讨实现两国游客互免旅游签证,为两国人民往来提供便利,造福两国人民友好往来。

表 4-4　　　　　　　　中泰两国游客人数统计

年份	中国赴泰游人数（万人次）	增长率（%）	泰国赴华游人数（万人次）	增长率（%）
2011 年	170	—	60.80	—
2012 年	270	58.8	64.76	6.51
2013 年	470	68	65.17	0.63
2014 年	530	13.2	61.31	-5.92
2015 年	793	91.62	64.15	4.63
2016 年	877	10	74.90	16.75
2017 年	980	11.97	77.57	3.56
2018 年	1035	7.44	83.26	7.33
2019 年	1098	4.2	87.05	5.04

数据来源:《中国旅游统计年鉴》。

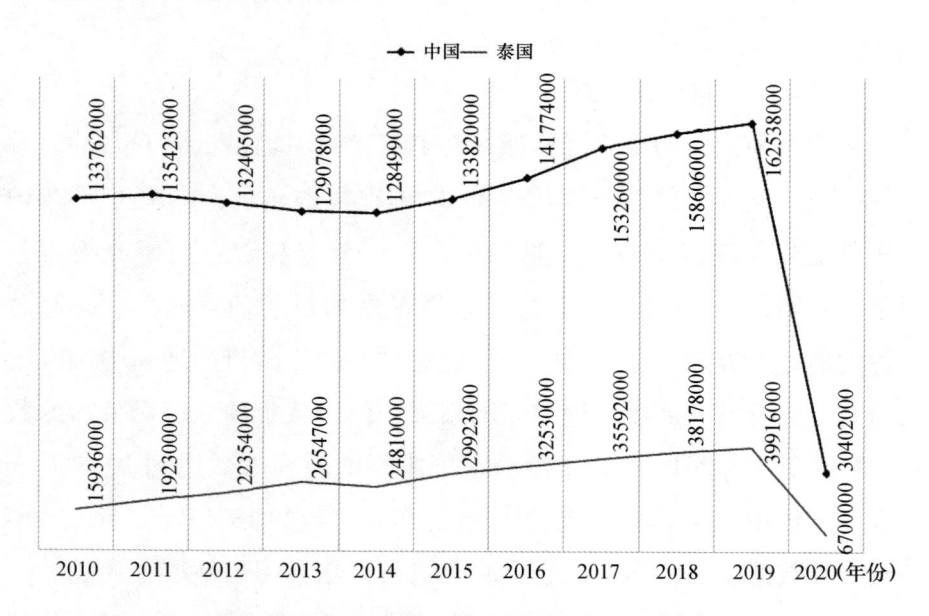

图 4-4　2010—2020 年中泰两国旅游入境人数（单位:人次）

数据来源:世界银行数据库。

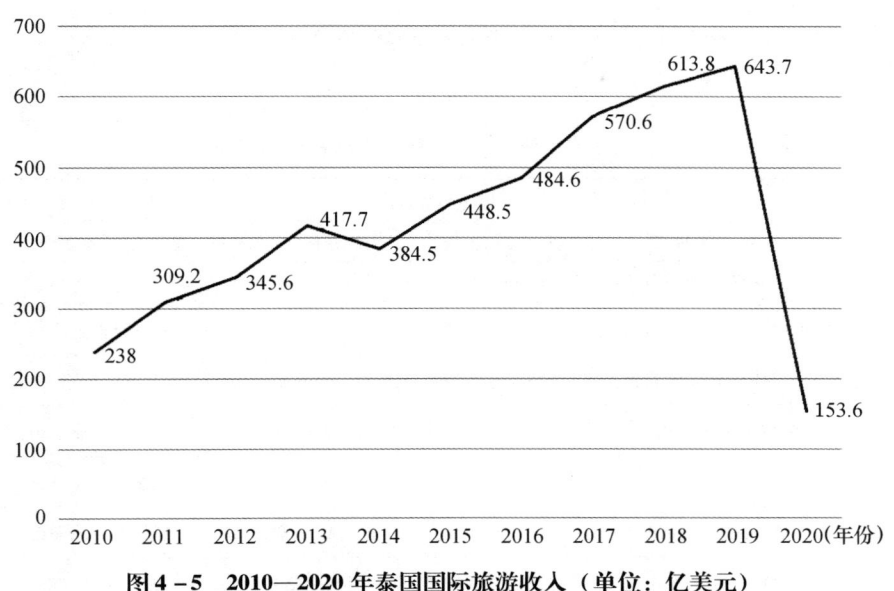

图 4-5 2010—2020 年泰国国际旅游收入（单位：亿美元）

数据来源：世界银行数据库。

（三）民间往来方面

中泰民间往来始于公元前 2 世纪，之后从未间断，一直延续到近代。中泰两国人民在民间交流与合作中，一贯保持着相互尊重、相互欣赏，相互学习、相互借鉴的优良传统。随着澜湄合作的紧密开展，中泰两国已缔结了 40 组友好省市和首府（见表 4-5），两国民众彼此之间的关注度提升，网络媒体对两国的搜索量大大增加，民间往来也越来越频繁。以影视剧在中泰两国的传播为例，20 世纪 90 年代，泰国从中国引进的《包青天》《还珠格格》《倚天屠龙记》等古装剧掀起收视热潮；2019 年，《陈情令》在泰国大火，收视率节节攀升，两位主演受到泰国民众的狂热追捧，不断登上泰国社交媒体热搜；2020 年，《三生三世枕上书》在腾讯视频（泰国版）播出时，一度登上泰国影视剧排行榜第一名。中国于 2003 年引进第一部泰国电视剧《俏女佣》，获得民众好评；2017 年，泰版《宫》在腾讯视频获得 3.7 亿次的播放量；2020 年，泰剧《以你的心诠释我的爱》在豆瓣的评分更是高达9.5分。

表4-5 中国与泰国友好省市统计

中泰友城名称			
素可泰府—陕西省	清迈府—上海市	清莱府—云南省	春武里府—河南省
素叻他尼府—广西壮族自治区	罗勇府—柳州市	普吉府—烟台市	普吉府—海南省
庄他武里府—梧州市	孔敬府—福建省	清迈府—青岛市	清迈府—重庆市
达府—德宏傣族景颇族自治州	巴真府—长春市	清迈府—昆明市	莫拉限府—崇左市
北榄坡府—玉林市	巴蜀府—乐山市	清莱府—潍坊市	清迈府—成都市
龙仔厝府—钦州市	呵叻府—四川省	曼谷市—山东省	曼谷市—北京市
素攀武里府—四川省	孔敬市—南宁市	曼谷市—潮州市	合艾市—北海市
碧武里市—葫芦岛市	南邦市—揭阳市	清迈市—哈尔滨市	曼谷市—广州市
彭世洛市—普洱市	曼谷市—重庆市	罗勇市—河池市	曼谷市—上海市
黎逸市—防城港市	曼谷市—山东省	曼谷市—武汉市	佛统市—曲靖市

数据来源：中国国际友好城市联合会。

二 中国与柬埔寨民心相通现状分析

中国已经连续十余年成为柬埔寨的第一大投资国、第一大进出口国，中国也是第一个与柬埔寨签署自贸协定的国家，两千年之交的"柬铁"能充分反映中柬民心相通的深厚情谊，中柬两国世代友好，柬埔寨是坚定站在中国一方的好兄弟（见图4-6）。

（一）教科文卫体方面

中柬两国重视在教科文卫体等领域的交流与合作，中国积极参与到吴哥窟、周萨神庙等文化遗产的修复与保护工作，有效避免历史古迹的进一步腐蚀与风化。中柬两国教育合作总体形势较好，两国的高校、社会团体之间的交流合作甚多，极大地促进了两国人民的民心相通。截至2019年，中国政府奖学金项目累计接受柬埔寨

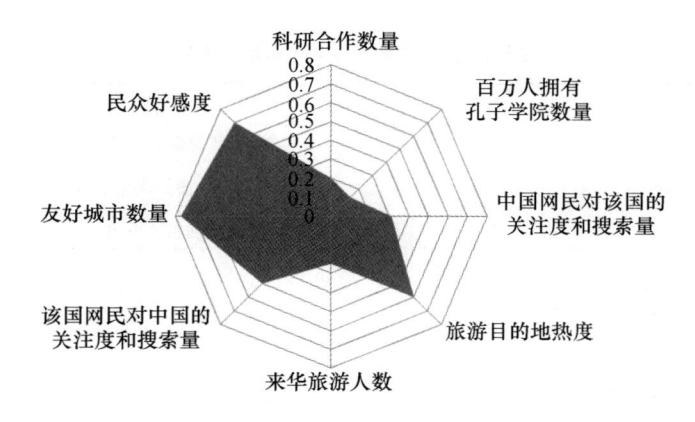

图 4-6 中国—柬埔寨民心相通雷达图

学生近 3000 人，每年为柬埔寨培训各类人才 200 余人。目前，柬埔寨共设有柬埔寨皇家科学院孔子学院、国立马德望大学孔子学院和柬华理工大学孔子学院 3 所孔子学院（见表 4-6），其中，柬埔寨皇家科学院孔子学院是全球规模最大的孔子学院之一，覆盖了柬埔寨 9 个省市，每年联合开展数十项汉语教学等课题研究，培养学员 1 万余人次，2016 年入选"全球示范孔子学院"建设行列。中柬双方还不定期举办中柬友好研讨会、"一带一路"学术研讨会、习近平治国理政研讨会等一系列研讨交流活动。在卫生合作方面，由中国国家卫健委组织实施的亚洲首个妇幼健康工程早在 2016 年就在柬埔寨首都金边启动，由中建八局建设的中国援柬埔寨考斯玛中柬友谊医院于 2022 年启用。在新冠疫情防控中，中柬两国合作抗疫，国家级中医团队"逆行"柬埔寨助力抗疫，双方共同打造中柬命运共同体、构建人类卫生健康共同体。来自中国福建的男排教练李俊 2018 年赴柬执教，目前正带领柬埔寨男子排球队全力冲击 2023 年在柬埔寨举办的东南亚运动会。同时，中国援建的柬埔寨国家体育场已经于 2021 年正式启用，象征中柬友谊之舟扬帆远航的柬埔寨国家体育场是中国对外援助中规模最大、等级最高的体育场。

表 4-6　　　　　　　柬埔寨孔子学院（孔子课堂）统计

类型	数量	名称
孔子学院	3	柬埔寨皇家科学院孔子学院 国立马德望大学孔子学院 柬华理工大学孔子学院

数据来源：孔子学院总部。

（二）旅游交流方面

中国和柬埔寨都是历史悠久的文明古国，都拥有悠久历史、灿烂文化和优美风光。柬埔寨被誉为"世界七大奇迹之一"的吴哥窟古迹的壁画上刻有中柬两国人民1000多年前友好交往的生动场景，中国游客也已成为柬埔寨吴哥窟古迹的全球第一大旅游客源国，人均消费达万元。自2006年中柬两国正式建立全面合作伙伴关系以来，中国赴柬埔寨的旅游人数逐年上升，柬埔寨政府也一直注重中国的入境旅游市场的挖掘，先后制定了许多优惠政策来吸引中国游客，例如：2006年开始对中国游客实行网上电子签证，2014年开始实行落地签，2016年发布了《2016—2020年吸引中国游客战略》及 China Ready 白皮书，2017年中国便超过越南成为柬埔寨的第一大游客来源国。2019年，中柬双方共同举办了"中柬文化旅游年"，在两国举办了一系列丰富多彩的文化旅游活动。2019年，中国赴柬埔寨的游客人数达到236万人次，占柬埔寨接待国际游客总人数的35.7%。根据2020年中国文化文物和旅游统计年鉴数据显示，2019年柬埔寨到中国的游客人数为10.93万人次，同比增长7.6%。相关数据显示，中柬双边旅游人数、旅游收入呈现稳步上升态势（见表4-7、图4-7、图4-8）。

表 4-7　　　　　　　　　柬埔寨游客来华旅游统计

年份	柬埔寨游客来华旅游人次（万人次）	增长率（%）
2011	2.65	—
2012	2.98	12.45
2013	3.46	16.11
2014	3.93	13.58
2015	4.25	8.14
2016	4.99	17.41
2017	6.16	23.45
2018	10.16	64.94
2019	10.93	7.60

数据来源：《中国旅游统计年鉴》。

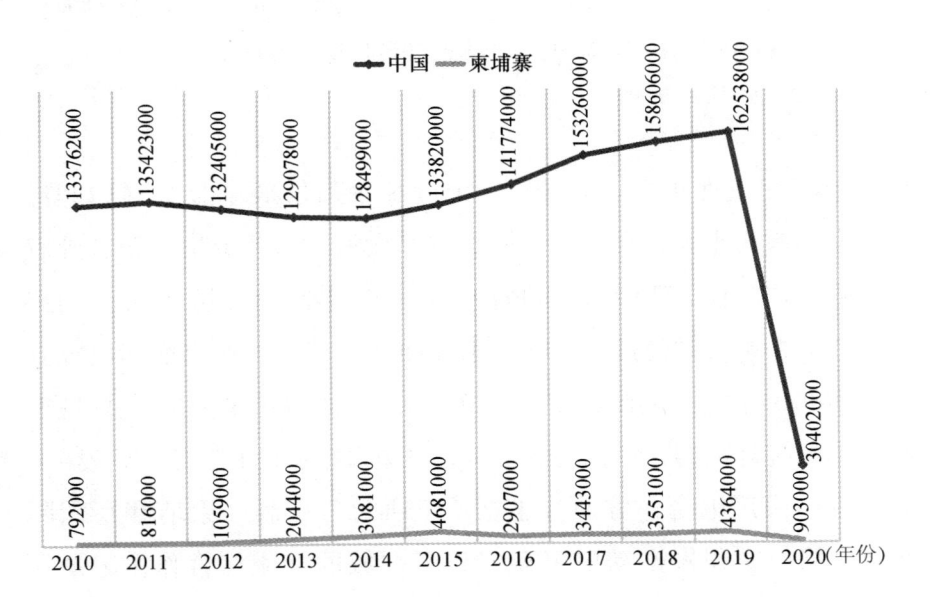

图 4-7　2010—2020 年中柬两国旅游入境人数（单位：人次）

数据来源：世界银行数据库。

中国：133762000（2010）、135423000（2011）、132405000（2012）、129078000（2013）、128499000（2014）、133820000（2015）、141774000（2016）、153260000（2017）、158606000（2018）、162538000（2019）、30402000（2020）

柬埔寨：792000（2010）、816000（2011）、1059000（2012）、2044000（2013）、3081000（2014）、4681000（2015）、2907000（2016）、3443000（2017）、3551000（2018）、4364000（2019）、903000（2020）

（三）民间往来方面

近年来，随着中柬政府间关系的不断深化，中柬两国的民间往来也日益密切。2016 年，柬埔寨成立了由内阁办公厅盖里维希副主任担任主席的民间社会组织联盟论坛（CSAF），CSAF 与中国民间

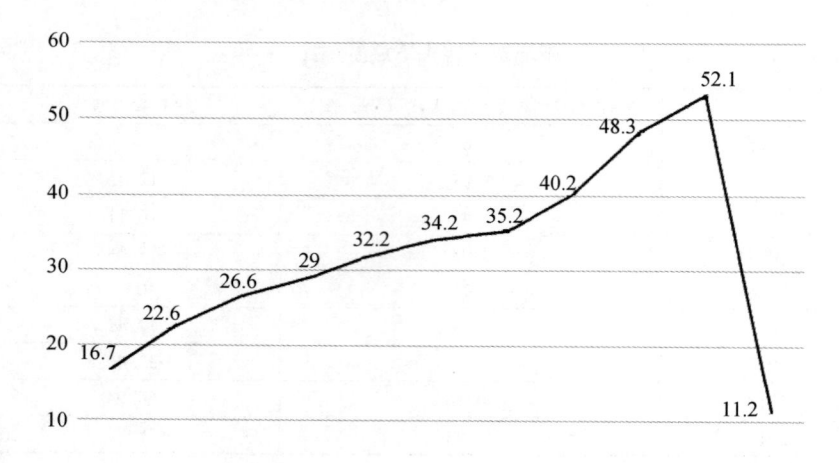

```
60
                                                              52.1
                                                        48.3
50
                                                  40.2
40                                          35.2
                                      34.2
                                32.2
30                        29
                    26.6
20       22.6
    16.7
                                                              11.2
10
 0
  2010 2011 2012 2013 2014 2015 2016 2017 2018 2019 2020 (年份)
```

图 4-8 2010—2020 年柬埔寨国际旅游收入（单位：亿美元）

数据来源：世界银行数据库。

组织国际交流促进会（CNIE）、中国和平与发展基金会（CFPD）等多家非政府组织，在农村发展、教育交流、水和卫生等领域开展了系列合作，仅 2020 年，CFPD 在柬埔寨捐赠价值 48 万美元的抗疫物资、在茶胶省建造了 200 口水井和两座校舍、在柬埔寨巴提县建设为期 3 年的中柬扶贫友好示范村项目。根据中国国际友好城市联合会的统计数据，中国与柬埔寨已建立 24 对友好省市（见表 4-8）。在中柬广电合作方面，建立了广西云·东盟（柬埔寨）国际传播联络站，积极推动中柬双方更多领域的交流与合作；纪录片《魅力柬埔寨》在中国播出，电视剧《包青天》、动画片《喜羊羊和灰太狼》在柬埔寨落地，引发中柬两国民众一致好评。

表 4-8　　　　　　　　中国与柬埔寨友好省市统计

柬埔寨	中国	结交时间
暹粒省	云南省	2006 年 4 月 21 日
波罗勉省	广西壮族自治区	2007 年 10 月 27 日

续表

柬埔寨	中国	结交时间
西哈努克市	南宁市	2007年10月30日
金边市	上海市	2008年10月8日
贡布省	百色市	2008年10月22日
西哈努克市	无锡市	2009年7月29日
白马省	北海市	2010年8月14日
金边市	昆明市	2011年6月8日
班迭棉吉省	云南省	2011年12月6日
暹粒省	江西省	2013年11月29日
金边市	重庆市	2014年1月29日
磅湛省	河南省	2014年9月29日
干拉省	河南省	2014年9月30日
暹粒省	广西壮族自治区	2014年10月17日
茶胶省	襄阳市	2016年8月22日
腊达那基里省	崇左市	2016年10月22日
吴哥通县	东兴市	2016年11月30日
暹粒省	贵州省	2017年6月23日
金边市	深圳市	2017年12月11日
金边市	北京市	2018年5月21日
西哈努克省	江苏省	2018年10月25日
金边市	合肥市	2018年11月6日
暹粒省	陕西省	2019年5月11日

数据来源：中国国际友好城市联合会。

三 中国与老挝民心相通现状分析

老挝是第一个和中国签署"命运共同体"的国家，中老自古以来具有牢不可破、唇齿相依的深厚情谊，澜湄合作机制的建立，进一步为两国民心相通提供了充足的动力，在教育、科技、文化、医疗卫生、旅游等领域不断深化交流（见图4-9）。

（一）教科文卫体方面

中老长期保持着密切的联系，老挝也一直奉行着互利互惠的友

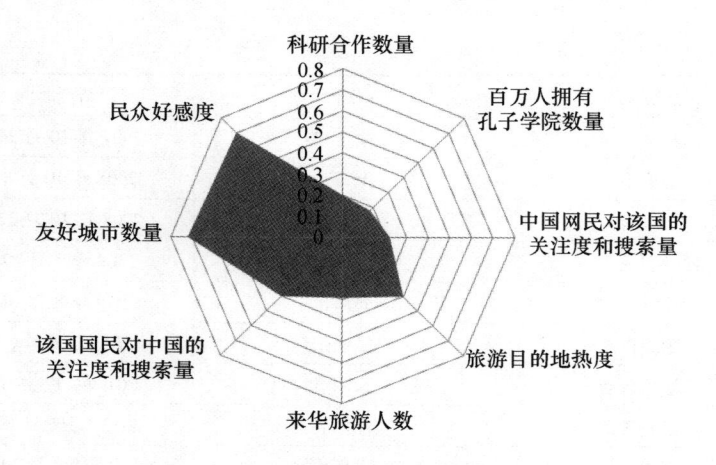

图 4-9　中国—老挝民心相通雷达图

好政策，中老两国在教科文卫等领域的合作也得到不断深化。中老双方早在 1991 年就已经签订了《中老教育合作交流计划》，体现了双方教育合作起步早、时间长。2002 年、2005 年、2012 年，中老双方又连续三次签订了内容广泛、形式多样的教育合作交流计划，中老教育交流的效果日益显现，包括高等学校之间的校际合作、双边联合培养和合作办学、留学人员与教师的互派、孔子学院开办、科技期刊文章发表等方面，都取得了显著的成效（见表 4-9）。特别是在"一带一路"倡议提出后，老挝来华的留学生数量迅猛增长，2019 年，老挝驻中国大使在庆祝老挝国家教师节的活动上透露，老挝驻中国大使馆实际管理在册的老挝赴华留学生人数，仅 2018—2019 学年，就达 1 万人，且增长仍在持续，其中，中国的云南省成为老挝留学生首选的留学目的地之一，2018—2019 学年，云南 78 所高校中的 25 所学校面向老挝招收学生，当年有 5000 余名老挝留学生在云南留学，面向老挝留学生发放专项奖学金达 1000 余万元。2018 年，中老双方在万象签署《中—老体育园区项目合作谅解备忘录》，旨在依托中国体育产业发展的经验和优势，全力打造中老两国体育产业与人文交流的新基地，助力老挝体育产业全链条发展。

表4-9　　　　　　　　老挝孔子学院（孔子课堂）统计

类型	数量	名称
孔子学院	2	老挝国立大学孔子学院 苏发努冯大学孔子学院

数据来源：孔子学院总部。

（二）旅游交流方面

中国与老挝是传统的睦邻友好国家，老挝与中国云南接壤，边界全长505千米。2019年，"中国—老挝旅游年"在老挝万象开幕，中老双方签署了关于旅游论坛、文艺演出等一系列的合作交流文件，并推出精品旅游线路，打造精品旅游品牌，促进中老两国的旅游事业发展，同年有超过100万的游客访问老挝，中国超过越南成为老挝的第二大旅游客源国。相对于中国去老挝旅游人数的逐年增加，老挝人民到中国旅游的人数并不算很多，2019年老挝来华旅游人数为27.85万人，较2018年还下降了8.8%。中老两国于2021年开通运营了全长1035千米的中老铁路，中老铁路开通运营前3个月就发送旅客210多万人次，对于具有友谊连接桥作用的中老铁路，将有效活跃中老沿线地区的旅游事业，大力带动中老沿线地区的经济社会发展。中老铁路的途经之地和沿线区域，包括中国云南的昆明、玉溪、普洱、西双版纳等地，均是"象往之地"；还有老挝琅勃拉邦等北部地区，都是生物多样性明显、森林密集、资源富集的区域，旅游资源丰富。同时，老挝极具异域风情的琅勃拉邦、亚洲最大的瀑布孔埠瀑布、王宫博物馆等1900多个旅游景点和500多个文化遗产，都深受中国游客的喜爱。随着交通设施的便利化，"坐着动车去老挝"已经在2021年实现，很多中国民众都会颂唱"坐上那动车去老挝，就在那2021年，去看看那美丽普西山，还有那神奇的琅南塔"，老挝的著名歌手阿提萨还创作了一首《腾飞于老中铁路》的歌曲，熟悉的"老中铁路，老挝中国，两国人民一线相牵……""老中铁路一轨相通,并肩同行,共同发展……"歌词,配以欢乐的旋律,被中老民众广为传唱。相信在中老铁路的带动下,两国关系将更加密切,两国人民可以乘坐动车往返,途中可以结伴旅游、观光、探亲,中老两国的旅游人数将会因此大大增加(见表4-10、图4-10、图4-11)。

表4-10　　　　　　　　老挝来华旅游统计

年份	老挝游客来华旅游人次(万人次)	增长率(%)
2011	1.41	—
2012	1.67	18.44
2013	1.94	16.17
2014	2.17	11.86
2015	1.61	-25.81
2016	3.43	113.04
2017	23.51	585.42
2018	30.54	29.89
2019	27.85	-8.80

数据来源:《中国旅游统计年鉴》。

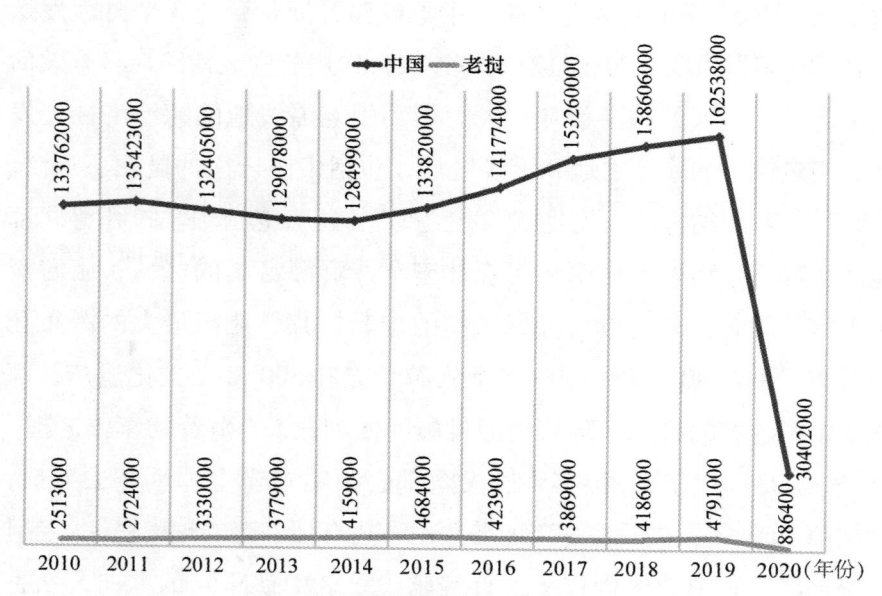

图4-10　2010—2020年中老两国旅游入境人数(单位:人次)

数据来源:世界银行数据库。

图 4-11 2010—2020 年老挝国际旅游收入（单位：亿美元）

数据来源：世界银行数据库。

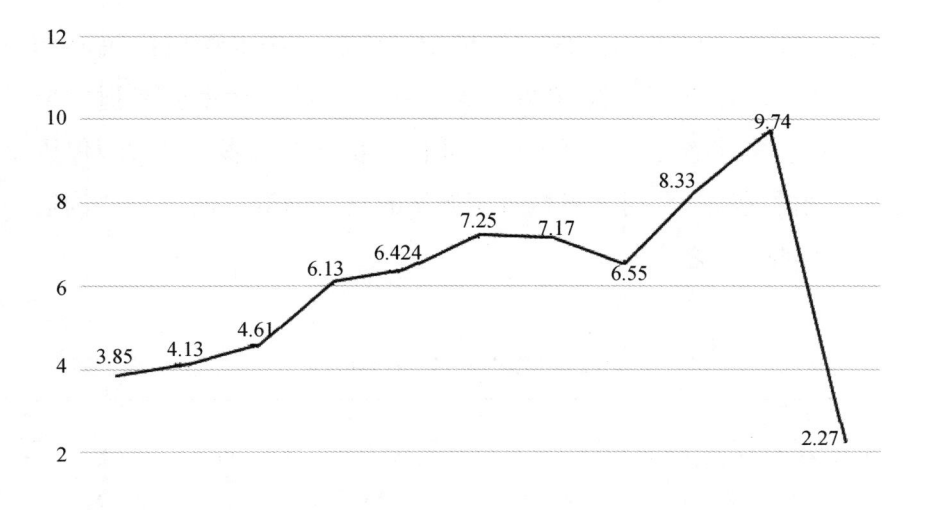

（三）民间交往方面

中国与老挝有着传统的深厚友谊，两国相邻，且均为社会主义国家，因此两国民众的社会认同感和亲切感比较强烈。中国与老挝已经建立了 17 对友好省市（见表 4-11）。自 2002 年起，中国便发起了中国（上海）青年志愿者海外服务计划援老挝项目，先后有 11 批共 119 名青年志愿者远赴老挝开展志愿服务。从地理位置来说，老挝与中国云南省相连，边境地区的交流对中老两国的民间往来也起着重要作用，如中老跨境的傣族有着相似的语言文字、民族习惯和宗教信仰等，因此，民间往来尤为密切。近年来，中国积极推进中老边境小康村建设，致力于把与老挝接壤的江城县曲水镇坝伞村国门寨村民小组等沿边行政村，建设为现代化边境小康示范村。云南连续多年举办"澜沧江·湄公河流域国家文化艺术节"、中老越三国丢包狂欢节等跨境民族节庆活动，有力地增强了中老民间交往，凝聚了中老边民的民族情谊，促进了中老两国的民心相通。在媒体合作方面，从 2006 年起，中国国际广播电台老挝万象分台开播，覆盖老挝近 8 万人口，节目内容丰富多彩，极大地促进两国之间的交流，获得了老挝政府颁发的友谊勋章，被誉为"沟通老中两国的心灵之声"。

表 4-11　　　　　　　　　中国与老挝友好省市统计

中老友城名称		
琅勃拉邦省—西双版纳州	丰沙里省—普洱市	占巴塞省—玉溪市
占巴塞省—南宁市	琅勃拉邦省—广西壮族自治区	川圹省—梧州市
琅勃拉邦省—海南省	琅勃拉邦省—成都市	琅勃拉邦省—福建省
万象市—昆明市	琅勃拉邦县—晋中市	丰沙里县—普洱市思茅区
巴色市—龙州县	万象市—北京市	万象市—广东省
他曲市—崇左市	万象市—湖南省	

数据来源：中国国际友好城市联合会。

四　中国与越南民心相通现状分析

越南与中国山水相连、鸡犬相闻，世代受汉文化的浸润，文化相通以及地理相近也使得中越两国的民心相通有着得天独厚的优势、有着底蕴深厚的传统（见图 4-12）。中国是第一个承认并与越南建立正式外交关系的国家，越南是中国对外援助的第一个国家。

（一）教科文卫体方面

随着中越两国双向教育交流合作的不断扩大，中越两国高校成立了联合培养机制，中国为留学生设置的中国政府奖学金更是不断吸引着越南学生来华留学，近几年，越南来华留学生人数稳居全球各国来华留学生人数的前 15 位。在文化交流方面，中国广西师范大学 2014 年与越南河内大学合作，携手联合共建了越南的第一所孔子学院——河内大学孔子学院。河内大学孔子学院自 2014 年成

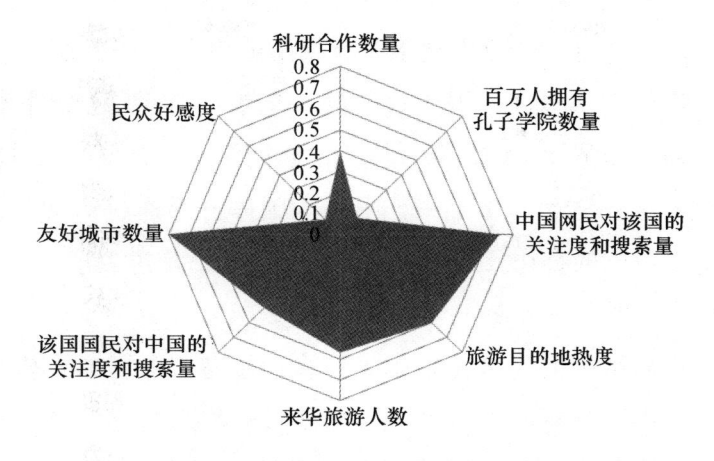

图 4–12　中国—越南民心相通雷达图

立以来，致力于中越语言文化交流和文化推广，成功举办中越翻译技巧研讨会、中越文化交流、才艺大赛、"汉语桥"比赛等活动，有效促进了中越两国友好关系发展。在科研合作与研讨交流方面，中越两国成功举办了"共产党领导与国家治理：中越两国的经验"研讨会、"中国共产党与越南共产党治国理政理论与实践"国际学术研讨会、"新时期中越党建工作经验"研讨会、"中国改革开放40周年：回顾与展望"国际研讨会、"'一带一路'倡议与中越合作"研讨会、"中国与越南立法制度比较"学术研讨会、"中国、越南与东盟十国少数民族的融合与发展"国际研讨会、"越南与东亚的儒家经学：遗产与价值"国际学术研讨会等一系列科研合作与研讨交流学术会议，双方相关科研院所签署了系列学术交流合作协议，例如：中国社会科学院、广西社会科学院等单位与越南社会科学翰林院签署了学术交流合作协议，极大地促进了中越双方开展学术合作研究和科学文化交流。在卫生合作方面，中越双方建立了沟通联络机制，共同加强在重大传染病防控、医疗救助、妇幼健康、传统医药、边境地区卫生等领域的合作与交流。中国人民对外友好协会发起了"中越友好光明行"，帮助了近百名越南白内障患者重见光明。广西壮族自治区卫生健康委与越南谅山省、广宁省、高平省、河江省卫生厅签署《关于卫生合作的备忘录》。在新冠疫情暴发后，中国承诺新冠疫苗投入使用后，优先向越南等5个澜湄国家供应。在体育交流与合作方面，多年来，中越两国体育界通过运动员、教练员交流等多方面的合作，加强交流、深化合作、增进友谊。

（二）旅游交流方面

随着中越两国的经济往来越来越多，旅游服务贸易合作也得以快速发展。中国赴越南旅游人数逐年增长，根据越南统计总局的数据显示，2019年近1800万人次前往越南旅游，其中，中国游客超过了580万人次，占越南国际旅客的32.2%，是越南最大的客源国。越南政府对中国游客实行免签等优惠政策，吸引更多的游客前往越南旅游。中国游客到越南，可以选择铁路、公路等多种方式，交通的便利使得大量自驾游爱好者选择到越南旅游。越南也因时制宜，开发了丰富多样的旅游产品，例如：东兴—广宁光芒街跨境旅游、海上胡志明小道等。与此同时，越南来华旅游的人数也保持逐年增长的态势，表4-12显示，越南来华旅游人数从2011年的100.65万人次增长到2018年的758.8万人次，增长速度较快。目前，越南已经成为中国的第二大入境旅游客源国（见表4-12、图4-13、图4-14）。

表4-12　　　　　　　　越南来华旅游人次统计

年份	越南来华旅游人次（万人次）	增长率（%）	年份	越南来华旅游人次（万人次）	增长率（%）
2011	100.65	—	2016	316.73	46.6
2012	113.72	13.0	2017	654.42	106.6
2013	136.54	20.07	2018	758.80	15.95
2014	170.94	25.2	2019	794.87	4.8
2015	216.08	26.4			

数据来源：《中国旅游统计年鉴》。

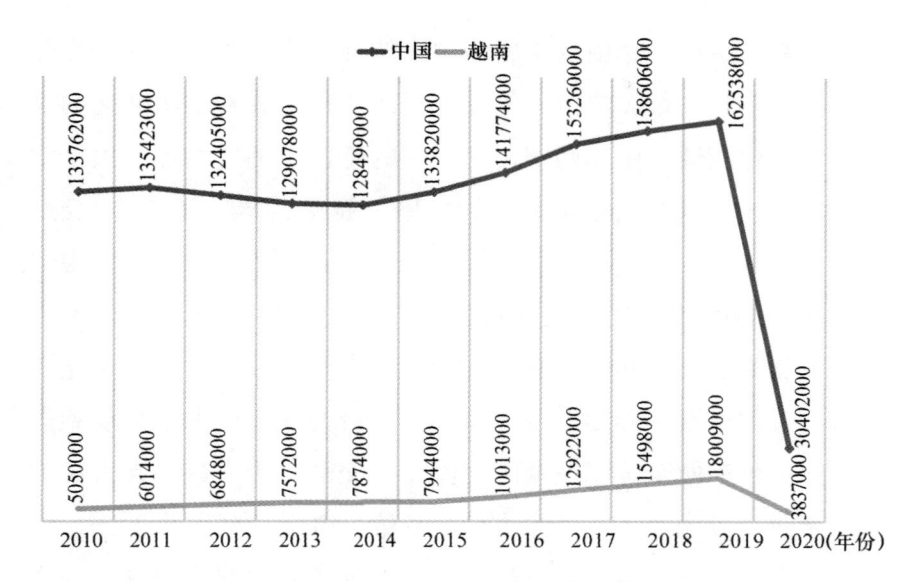

第四章　改革开放以来澜湄民心相通的现状实证分析 / 61

图 4-13　2010—2020 年中越两国旅游入境人数（单位：人次）

数据来源：世界银行数据库。

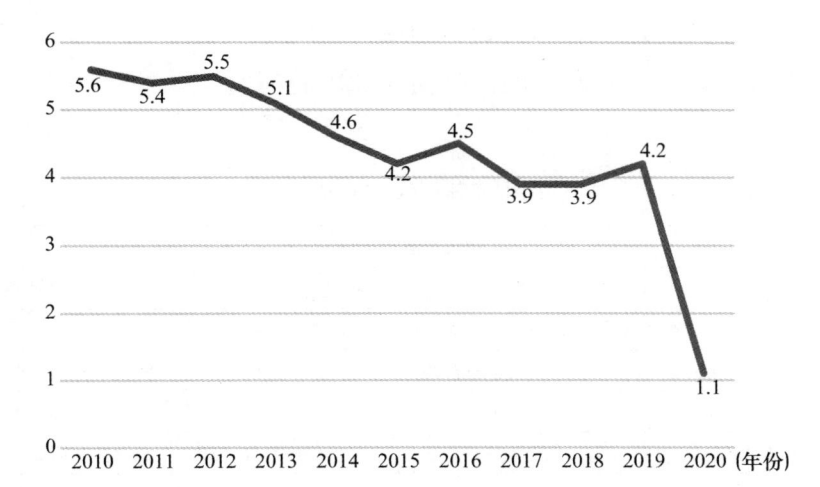

图 4-14　2010—2020 年越南国际旅游收入（单位：亿美元）

数据来源：世界银行数据库。

（三）民间交往方面

在民间往来方面，中越两国的文化源远流长、中国文化在潜移默化地影响着越南，越南的寺庙与中国的寺庙比较相似，春节也是越南的国家节日，很多习俗和传统民间活动都能看到中国文化的缩影。由于文化相通，中越两国民众之间的感情也随之增加。根据中国国际友好城市联合会数据显示，中国与越南共建立了38对友好省市（见表4-13），数量仅次于泰国，居澜湄国家第二位。为促进中越两国的民间文化交流，双方举办了中越原生态民族艺术表演、七人制足球友谊赛、"同系一代情·共庆中国年"边境文化活动等，一系列丰富多彩的中越民间文化交流交往，极大地推动和促进了中国和越南两个国家民众的交流交往交融，为中越两国人民的民间往来赋予了满满的"正能量"。但是，由于一些历史原因，中越两国民众的好感度得分并不高，结合中国和越南双边关系的现实来看，越南官方和民间都会不时炒作南海等问题，一定程度上给中越两国的民心相通带来了负面影响和不确定因素，越南民族主义的兴盛导致一些有损中越两国关系和地区形势不当言论的出现，一定程度上也会影响中越两国的民间交往和民心相通。

表4-13　　　　　　　　中国与越南友好省市统计

中越友好省市名称			
胡志明市—上海市	河内市—北京市	岘港市—山东省	边和市—湘潭市
老街市—河口瑶族自治县	海防市—天津市	芽庄市—株洲市	义安市—湖南省
下龙市—防城港市	永安市—柳州市	芹苴市—汕头市	河江市—文山市
北光县—麻栗坡县	海防市—南宁市	广宁省—海南省	会安市—晋中市
胡志明市—广东省	苗旺县—富宁县	南坛县—韶山市	苗皇县—那坡县
义安省—广西壮族自治区	北宁市—来宾市	太平省—贺州市	复和县—龙州县
海河县—防城港市防城区	金成县—田阳县	谅山市—崇左市	下琅县—大新县
胡志明市—广西壮族自治区	高禄县—凭祥市	禄平县—宁明县	沙巴县—屏边县
老街省—云南省	岘港市—昆明市	芒街市—东兴市	
下龙市—桂林市	边和市—南京市	同塔省—河南省	

数据来源：中国国际友好城市联合会。

五 中国与缅甸民心相通现状分析

缅甸是第一个承认新中国的非社会主义国家。"我住江之头,君住江之尾。彼此情无限,共饮一江水。"这首1957年时任中国国务院副总理陈毅作词的《赠缅甸友人》,被中缅两国传唱至今,成为中缅两国间"胞波"情谊最好的见证。从民众好感度、旅游目的地热度等指标来看,中缅民心相通具有一定的基础(见图4-15)。

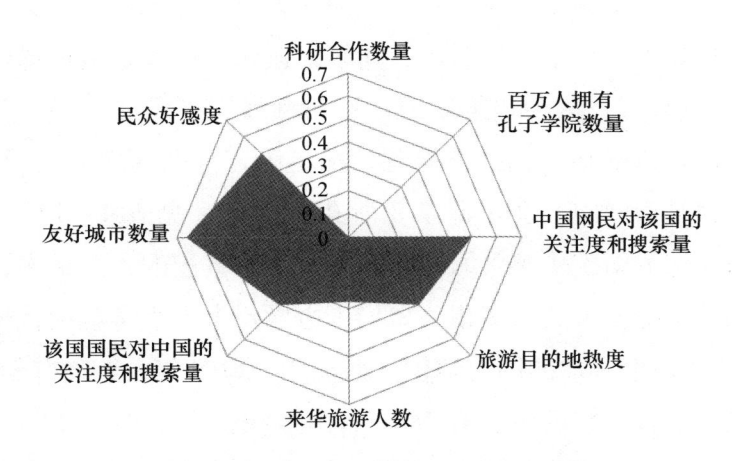

图4-15 中国—缅甸民心相通雷达图

(一)教科文卫体方面

中缅两国教科文卫体等交流稳定发展,早在1996年,中国文化部和缅甸文化部就联合签署了《文化合作议定书》,为中缅双边持续开展的文化交流奠定了坚实的制度基础。2014年,缅甸首次对外捐献的佛殿项目——白马寺世界佛教文化园区落成于中国河南省的洛阳市,有力地促进了中缅双边文化的交流互鉴。2016年,蒲甘6.8级地震后,中国派出蒲甘佛塔震后修复工作联合专家工作组,赴缅开展佛塔修缮事宜。2018年,中国启动在海外实施的最大规模文物保护援助项目——蒲甘他冰瑜佛塔换修复,项目预计将持续9

年。2018年，位于缅甸仰光的中国文化中心正式启用，成为中国和缅甸两国共建"一带一路"的标志性项目，树立了中国和缅甸两国文化交流的里程碑。仰光中国文化中心启用后，持续举办了中国书法绘画、面塑和茶艺等培训，中文歌曲大赛、古筝新年音乐会、"福满圆满、冬至福至"冬至日主题活动、"美丽云南——云南画家作品展"等系列活动，为中缅两国人文交流注入新的生机与活力，成为中缅两国民众人文交流的平台与窗口。2019年，缅甸国务资政昂山素季出席第二届"一带一路"国际合作高峰论坛，在民心相通分论坛上发表了主旨演讲，其多次强调"中国是最值得缅甸学习的成功典范"。因为政策原因，目前缅甸没有设立孔子学院，设有福庆语言与电脑学校孔子课堂、福星语言与电脑学苑孔子课堂、东方语言与商业中心孔子课堂3所孔子课堂（见表4-14）。由于缅甸与中国云南省接壤，缅甸留学生到云南就读的人数最多，众多缅甸籍学生跨境来到云南相关高校、边境州市中小学就读，云南省共有82所对缅开放的国门学校。据统计，2018年，缅甸有3499名学生在云南省高校就读、有7881名学生在云南中小学及职业教育学校就读。在卫生合作方面，2017年，中缅双方签署了《中缅卫生合作备忘录》，深化中缅两国在卫生领域的合作与交流；2018年，中缅双方开展了瑞丽—木姐国际友好复明工程，帮助缅甸180名白内障患者免费治疗；2022年3月，中缅双方合作生产的新冠疫苗在缅甸仰光正式生产，助力缅甸疫情防控，推进中缅建设卫生健康共同体。自1983年中国援建缅甸国家体育馆以来，"胞波"情谊在中缅体育领域合作中充分体现，双方持续开展了中方教练赴缅执教、缅甸运动队来华训练和提供部分训练器材等体育技术合作项目；2021年，中方无偿对代表中缅两国友谊象征的"缅甸国家体育馆"进行维修改造，双方举行了移交仪式并交换了交接证书。

表4-14   缅甸孔子学院（孔子课堂）统计

类型	数量	名称
孔子课堂	3	福庆语言与电脑学校孔子课堂 福星语言与电脑学苑孔子课堂 东方语言与商业中心孔子课堂

数据来源：孔子学院总部。

（二）旅游交流方面

缅甸有着世界七大文化遗产之一的仰光大金塔、6000多千米的海岸线、独具特色的佛教文化，据调查，缅甸民众对"一带一路"倡议下的中缅旅游合作支持度最高。近年来，在"一带一路"共建过程中，缅甸加大项目规划、资金投入、机制建设等工作，旅游相关基础设施水平得到很大提升。为吸引中国游客，缅甸推行了落地签、推出了廉价机票、推动了微信和支付宝支付等政策，中缅双边的旅游交流与合作得到不断深化，中缅两国间每周有150多个直飞航班，双方旅游业的从业人员交流互动频繁，在新冠疫情暴发前的2019年的前10个月，中国游客赴缅甸旅游的总人数达到59.4万人次，每天平均游客人数达2000人，同比增长幅度达161%，中国已经连续多年成为缅甸最大的旅游客源国（见表4-15、图4-16、图4-17）。2019年，有1.45亿人次赴华旅游，其中缅甸游客人次位居第一名。2020年，在中缅建交70周年之际，双方将2020年确定为"中缅文化旅游年"，共同举办了"中缅之美，胞波之情"图片展、"一带一路"中国剧场展播、"VR美丽中国旅游互动体验展"等一系列庆祝活动。

表 4–15　　　　　　　缅甸来华旅游人次统计

年份	缅甸游客来华旅游人次（万人次）	增长率（%）
2011	19.10	—
2012	13.47	−29.48%
2013	20.59	52.86%
2014	13.28	−35.50%
2015	14.44	8.73%
2016	242.81	1581.51%
2017	965.55	297.66%
2018	1238.45	28.26%
2019	1242.18	0.30%

数据来源：《中国旅游统计年鉴》。

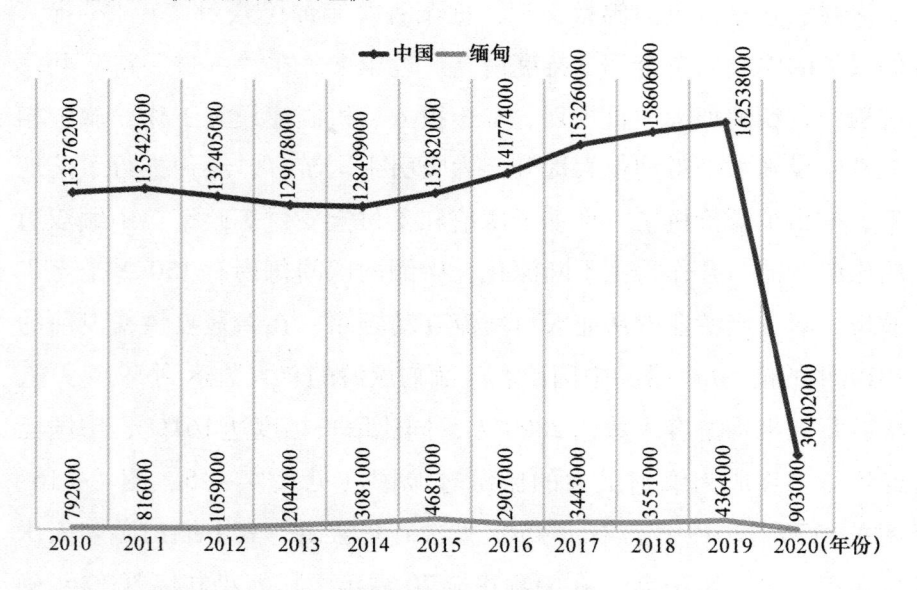

图 4–16　2010—2020 年中缅两国入境人数（单位：人次）

数据来源：世界银行数据库。

（三）民间交往方面

缅甸与中国的云南省接壤，中国与缅甸的边境地区居住着傣（掸）族、佤族、景颇（克钦）族、傈僳族、德昂（崩龙）族、拉祜族等 15 个民族，这些民族跨境而居，民间交往密切，他们在民

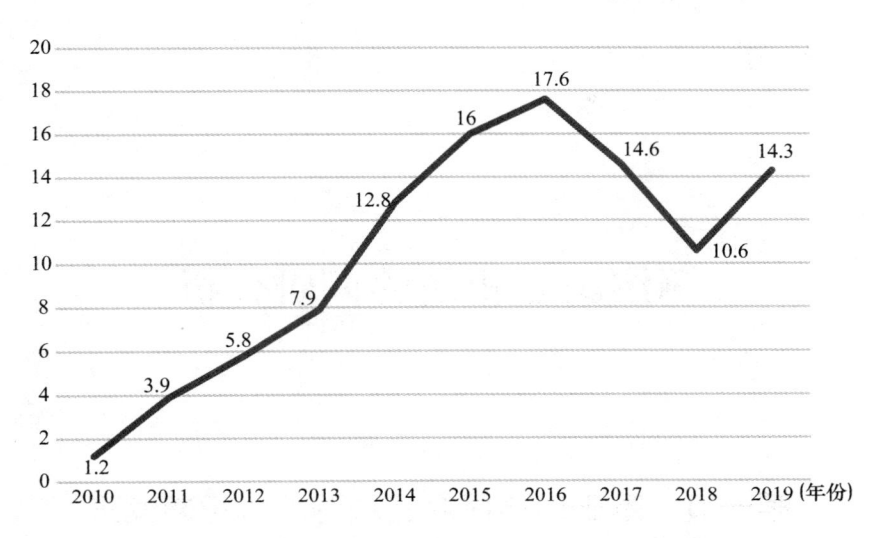

图 4 – 17　2010—2020 年缅甸国际旅游收入（单位：亿美元）

数据来源：世界银行数据库。

俗文化、习俗节庆等方面有着千丝万缕的关联，跨境民族之间的民族文化交流交往积极促进了中缅两国的民心相通。2000 年开始举办的"中缅胞波狂欢节""中国—缅甸民间组织交流圆桌会"等民间交流活动，极大地促进了中缅两国之间的文化交流，增进了中缅两国民众之间的友谊。此外，影视媒体的传播也是中缅民心相通的桥梁，2014 年，中缅合作拍摄的电视剧《舞乐传奇》在缅甸播出，开启了中缅电视剧合作的新历史；2017 年，缅甸创办了中国电影节，《西虹市首富》《湄公河行动》等电影深受缅甸人民的喜爱，丰富的民间交往交流活动让胞波情谊历久弥新。目前，中缅共有 8 对友好省市（见表 4 – 16）。

表 4 – 16　　　　　　　　中国与缅甸友好省市统计

仰光省—广西壮族自治区	仰光市—扬州市	仰光市—昆明市	仰光市—海口市
曼德勒市—昆明市	密支那市—保山市	木姐市—瑞丽市	仰光市—南宁市

数据来源：中国国际友好城市联合会。

第五章

澜湄民心相通的调研分析

第一节 基于普通民众的澜湄民心相通调研

一 调研基本情况

围绕澜湄民心相通,以线上线下相结合的方式对澜湄六国普通民众进行问卷调研,其中,中国、泰国、缅甸3个国家的线下调研是课题组实地开展,老挝、柬埔寨、越南3个国家的线下调研是课题组委托孔子学院(孔子课堂)中文教师志愿者和来华国际学生实地开展。调研面向每个国家发放问卷200份,回收有效问卷共计1106份。调研对象的年龄主要集中于30—40岁(59.86%)和30岁以下(18.35%)。

二 调研结果分析

97.83%的受访群体对"澜湄合作和澜湄民心相通持正面积极的态度",91.23%的受访群体认为"澜湄合作利大于弊",90.68%的受访群体认为"澜湄民心相通会实现双赢目标",84.09%的受访群体对"共建澜湄国家命运共同体非常有信心"。

关于澜湄合作的利弊问题,受访群体普遍认为,澜湄合作将会为其国家带来诸多好处和便利,其中:90.33%的受访群体认为

"能够带动经济可持续发展"，87.61%的受访群体认为"能够促进贸易持续增长和质量提升"，68.35%的受访群体认为"能够带来社会收入增长"，36.44%的受访群体认为"能够带来个人收入增加"，62.92%的受访群体认为"能够带动和增加就业机会"，69.53%的受访群体认为"能够促进基础设施改善和提升"，32.55%的受访群体认为"能够促进公共卫生和医疗条件改善和提升"，44.85%的受访群体认为"能够促进减贫事业发展"，78.30%的受访群体认为"能够共同提高减灾抗灾能力"。

关于澜湄民心相通存在的问题，受访群体普遍认为，澜湄民心相通存在一定的挑战，其中：87.07%的受访群体认为"澜湄民心相通受新冠疫情的影响"；60.22%的受访群体认为"澜湄民心相通受国际形势复杂多变的影响"；54.16%的受访群体认为"澜湄民心相通受域外因素的影响"；61.93%的受访群体认为"澜湄民心相通受贸易保护主义的影响"；53.98%的受访群体认为"澜湄民心相通受逆全球化思潮的影响"；81.55%的受访群体认为"澜湄民心相通受各自利益的影响"；59.67%的受访群体认为"澜湄民心相通受各自传统文化的影响"；72.88%受访群体认为"澜湄民心相通受政治互信的影响"；仅有3.16%的受访群体认为"澜湄民心相通不受外部因素的影响"。

关于澜湄合作及澜湄民心相通的未来前景，受访群体认为，澜湄合作及澜湄民心相通还有进一步提升的空间，其中：95.12%的受访群体对"澜湄合作及澜湄民心相通的前景持乐观态度"，86.44%的受访群体认为"应该加强教科文卫体方面的交流与合作"，93.31%的受访群体认为"应该加强旅游方面的交流与合作"，72.24%的受访群体认为"应该加强民间往来和非政府间的交流与合作"，54.34%的受访群体认为"应该加强澜湄流域之间的互联互通"，72.51%的受访群体认为"应该大力发展跨境经济"，

54.7%的受访群体认为"应该加强澜湄水资源的利用与合作"，62.66%的受访群体认为"应该加强澜湄资源的共建共享"。

第二节 基于来华国际学生的澜湄民心相通调研

一 调研基本情况

围绕澜湄民心相通，以线上线下相结合的方式对在华的澜湄国际学生进行问卷调研，发放问卷600份，回收有效问卷共计569份，调研对象以云南师范大学澜湄国际学生为主，辅以在滇其他高校的澜湄国际学生，涵盖泰国、柬埔寨、越南、老挝、缅甸5个国家。调研对象的年龄主要集中于20—24岁（63.29%）和20岁以下（26.36%）。

二 调研结果分析

关于情感认同方面，97.54%的受访人群"对中国的评价是正面积极的"；88.22%的受访人群"非常愿意向别人介绍自己的中国留学经历"；79.08%的受访人群"非常愿意继续介绍身边朋友到中国留学"；76.44%的受访群体"非常愿意向身边朋友解释他们曾经对中国的一些误会和误解"；88.93的受访群体"回国后看到中国人会感觉非常亲切"；70.65%的受访群体"非常在意身边朋友对待中国的态度"；64.85%的受访群体"非常愿意为在家乡的中国人提供支持"；63.62%的受访群体"非常愿意毕业后继续留在中国工作"。

关于文化交流方面，91.92%的受访人群"非常认同中国传统文化"；97.54%的受访群体"非常希望加强自己国家与中国的文化交流"；87.52%的受访群体"非常愿意成为自己国家与中国文化交流的使者并为传播中国文化贡献力量";94.54%的受访群体"非常喜欢中国习俗并参与过中国传统节日";80.14%的受访群体"非常喜欢中国美食并愿意向朋友推介中国美食";88.22%的受访群体"非常愿意为继续促进自己国家与中国的民心相通贡献力量"。

关于澜湄民心相通存在的问题,受访群体普遍认为,澜湄民心相通具有较好基础,但是,面对百年未有之大变局,在未来澜湄民心相通也会受外部因素的干扰。其中:97.54%的受访群体认为"澜湄民心相通受新冠疫情的影响";88.92%的受访群体认为"澜湄民心相通受国际形势复杂多变的影响";70.12%的受访群体认为"澜湄民心相通受域外因素的影响";80.14%的受访群体认为"澜湄民心相通受贸易保护主义的影响";56.24%的受访群体认为"澜湄民心相通受逆全球化思潮的影响";93.15%的受访群体认为"澜湄民心相通受各自利益的影响";70.65%的受访群体认为"澜湄民心相通受各自传统文化的影响";41.86%受访群体认为"澜湄民心相通受政治互信的影响",仅有3.5%的受访群体认为"澜湄民心相通不受外部因素的影响"。

关于澜湄合作及澜湄民心相通的未来前景,受访群体认为,澜湄合作及澜湄民心相通前景美好,但是,面对新的发展形势,仍然具有一定的提升空间,其中:96.66%的受访群体对"澜湄合作及澜湄民心相通的前景持乐观态度";93.67%的受访群体认为"应该加强教科文卫体方面的交流与合作";95.25%的受访群体认为"应该加强旅游方面的交流与合作";91.92%的受访群体认为"应该加强民间往来和非政府间的交流与合作";94.02%的受访群体认为"应该加强澜湄流域之间的互联互通";92.44%的受访群体认为"应该大力发展跨境经济";74.34%的受访群体认为"应该加强澜湄水资源的利用与合作";85.76%的受访群体认为"应该加强澜湄资源的共建共享"。

第六章

澜湄民心相通的影响因素和问题分析

第一节 澜湄民心相通的影响因素

一 澜湄民心相通的现实困境

（一）经济差异带来的认知差异

澜湄流域内的六国都是发展中国家，都处于经济快速增长、社会急剧转型阶段，经济发展水平参差不齐，贫富差距和两极分化现象较为严重，社会矛盾较为复杂，农业发展和减贫是流域各国面临的现实问题，其中，柬埔寨、老挝、缅甸、越南四国的基尼系数已经达到警戒线高位。澜湄流域各国经济发展的差异带来了面临问题的差异，面临问题的不同决定了解决问题的办法和措施不一，从而带来澜湄流域各国政府和民众对同一问题在认知上的差异，认知的差异又在一定程度上会影响到各国的决策、政策。

（二）政策不同带来的执行障碍

澜湄流域地形气候复杂多变，流域内各国都有自身的国情和发展实际，各国的政策制定及政策执行均有差异，以澜湄流域的跨境水资源合作为例，中国希望打造绿色澜湄开发水电资源、泰国希望解决北部干旱问题、老挝希望保障河流航运功能、柬埔寨希望维护洞里萨湖生态系统、越南希望稳定农业灌溉用水，不同的诉求带来不同的政策、不同的政策又带来不同的执行障碍，需要六方寻找可接受的顶层设计构思和政策配套。

（三）文化碰撞带来的融入困难

澜沧江—湄公河流域的6个国家虽然具有地缘相近、亲缘相通等民心相通的优势，但受6个国家各个地方历史文化、宗教信仰、风俗习惯等的影响，澜沧江—湄公河流域的6个国家也具有文化差异、也存在文化碰撞现象。中国提倡以文明互鉴超越文明冲突、文明共存超越文明优越的"澜湄文化"，澜沧江—湄公河流域的其他5个国家的一些学者和群体，对澜湄合作的价值认识还存在一定的偏差，对培育"平等相待、真诚互助、亲如一家"的"澜湄文化"的内生动力不足。同时，由于澜湄流域部分国家之间还存在具有争议的领土问题，这些因素带来的文化碰撞给民心相通增添了不确定的因素，为澜湄流域各国间的社会人文合作可持续发展带来了一定阻力。

（四）价值取向带来的行动偏差

由于文化差异带来民众的价值取向也各有不同，向来受儒家文化、佛家思想熏陶，幸福感极高的"与世无争、淡泊宁静"的澜湄民众，受经济发展的影响，近年来也不同程度地出现了幸福感下滑的现象。因此，亟待加强对澜湄流域国家的民心引导，对于普通民众喜闻乐见的大众文化、草根文化需要进一步传承和创新，建立对澜湄民心相通全面、系统、正确的认知，通过"接地气"的交流活动提升价值取向的辐射力和穿透力。

（五）大国博弈带来的外部影响

长期以来，美国、日本、澳大利亚等国家在澜湄流域经营多年，在社会人文合作等方面，积极发力、不断渗透，形成了具有一定影响力和控制力的领域和项目，并通过其不断积累的资源优势，强化对澜沧江—湄公河国家不同社会群体，特别是青年和未成年群体的诱导和控制。同时，韩国、印度等国紧随其后，域外国家对澜湄流域的影响持续加大，各国积极开展意识形态渗透，并立足其国家利益，经常针对第三方和社会热点问题制造话题和热度，有计划、有重点、有步骤地构建其宣传网络，服务其地缘博弈的政治需要，诱发澜湄流域相关国家的极端民族主义情绪向外"溢出"，为澜湄流域国家间的相互关系和地区稳定带来了不确定因素。

二 驱动澜湄民心相通的积极因素

（一）地缘优势对澜湄民心相通有支撑

自古以来，澜湄流域国家山河同脉、民族同根、文化同源，在长期的历史发展进程中，具有历史悠久、深厚广泛的经济与人文联系。澜湄流域国家中除老挝以外的其他国家的第一大贸易伙伴都是中国，澜湄流域国家在经济社会水平提升、基础设施提升、现代产业结构调整、农业现代化推进、现代旅游业发展、教育文化交流、科技合作等方面都有一定的发展与合作需求。在大国博弈加剧、国际关系错综复杂的大背景下，原有次区域合作秩序在提升区域合作水平方面呈现出动力不足，且未能有效解决澜湄流域发展中出现的自然条件多变、经济发展滞后、安全形势不稳、人员往来复杂等综合性问题。基于此，发挥地缘优势，能够有效支撑澜湄民心相通的可持续稳定发展，实践也证明，经过多年的融合与发展，澜湄合作已取得较好成果，并将沿着美好愿景稳步推进。

（二）域外国家对澜湄民心相通有期盼

澜湄域外的新加坡、马来西亚、菲律宾、印度尼西亚、文莱等东盟国家，东帝汶等不是东盟成员国的东南亚国家，都具有共同的东南亚情感，都具有自然的亲近感，都共同面临发达国家制定的国际秩序的约束，都共同面临世界不稳定性和不确定性带来的现实挑战。在新冠疫情背景下，面对世界百年未有之大变局，"发展为先、平等协商、务实高效"的澜湄精神可以促进不同国家、不同民族、不同语言的民众共同交流与对话、共享和平与发展、共谋互利与共赢。基于此，域外国家对澜湄合作及澜湄民心相通有一定的期盼和希冀，澜湄合作正好有助于形成发展动力，从根本上破除澜沧江—湄公河流域及区域周边的可持续、高质量发展的问题和障碍。

（三）6个国家对澜湄民心相通有支持

近年来，澜湄合作的领导人会议、外长会议、高官会议、工作组会议已经常态化机制化，6个国家均出台了相应政策，积极支持与相关国家互利合作。以中国为例，国家出台了《关于新时代推进西部大开发形成新格局的指导意见》等文件，明确提出了要以共建"一带一路"为引领，加大西部开放力度，提升云南等地方省份与澜沧江—湄公河区域的开放合作水平；通过完善开放大通道建设的系列措施，加快沿边地区基础设施建设和开放发展，进一步加强口岸建设，完善口岸功能，加快建设智慧边境、推动智慧物流和跨境开放物流体系建设；提高昆明等省会城市面向毗邻国家的次区域合作支撑能力，加快形成西部大开发新格局，推动西部地区高质量发展。同时，从国家层面制定文件，出台系列政策措施，支持云南省加快推进面向南亚东南亚辐射中心建设，提出在农业、基础设施、产能、经贸等方面深化与周边国家的交流与合作，全力支持边境省份主动服务和融入"一带一路"建设等国家重大发展战略，力争以大开放促进大发展。

（四）澜湄民众对澜湄民心相通有需要

澜湄合作坚持民生为本，在教育、科技、文化、卫生、体育等领域的合作，最终受益者都是普通民众。世界各地的实践和历史经验都已经证明，一个地方想要实现民众的小康，首要的就是要加快实现交通、信息等方面的互联互通。"要致富，先修路"已经成为世界各地发展的经验借鉴。中国自改革开放以来取得的经济发展成绩，也印证了这一点。近几年来，澜湄流域的经济发展速度取得了非常大的进步，澜湄合作开展的社会人文务实项目稳步增加，但是，与其他发达的国家或者地区进行横向、纵向对比可以看出，澜沧江—湄公河流域6个国家的发展也还依然存在不充分不平衡的问题，特别是与西方发达国家和地区相比，发展的任务依然任重道远，发展的水平和差距依然非常大，维护人民幸福、民族团结、社会安全、国家稳定、区域和谐的任务还十分繁重，在一段时期甚至是未来的很长时期里，澜湄流域将仍然是全球可持续发展和现代化建设的短板地区和薄弱区域。澜湄合作践行了互利共赢的合作理念，通过加强"五通"在内的互联互通来加强次区域合作，促进贸易和投资增长，扩大市场的深度和广度，符合澜湄民众的需要，有助于强化澜湄民心相通的内生动力。日本易普索调研公司（Ipsos）2022年1月通过线上和对谈方式对2700名东盟国家受访者开展调研，调研显示，48%的受访者认为中国是今后最重要的伙伴国家，这是这项民调自2015年展开以来中国首次排在第一位；19%的受访者认为中国是最值得信赖的国家或组织，排名仅次于东盟（20%），该调研结果一定程度上说明澜湄民众对澜湄民心相通的高度认同和良好期盼。

三　影响澜湄民心相通的消极因素

（一）受域外因素的扰动

澜湄流域国家地缘政治复杂，是大国势力长期博弈和较量的重点区域，澜湄次区域目前已有十多个次区域合作机制，各合作机制的成员、领域均有一定程度的重叠，机制的拥堵也一定程度上导致竞争的加剧（见图6-1）。在此背景下，随着域外大国战略介入和博弈加大，澜湄民心相通也面临诸多挑战。美国作为最主要的域外影响势力，从奥巴马时代开始就在湄公河地区发起了"湄公河下游倡议"，还提出了"密西西比河—湄公河"合作计划，试图拉近和湄公河流域国家的关系。不仅如此，美国政府反复借助媒体、智库与非政府组织故意制造"湄公河水舆论战"，公然指责中国在上游蓄水导致湄公河下游国家干旱，污蔑中国在湄公河流域内怂恿武器和毒品贩运，单方面破坏流域内生态环境。近年来，美国推进印太外交更是变本加厉，特朗普政府2019年推出"印太战略"，对崛起的中国进行遏制；拜登政府2022年单方面公布美国—东盟领导人会议时间，开展上任后的首次东亚行，并在日本启动"印太经济框架（IPEF）"，旨在推进对中国的安全和经济"双遏制"战略，其中，澜湄流域的泰国、越南成为"印太经济框架（IPEF）" 14个创始成员国之一，给澜湄民心相通带来了不确定因素。同时，欧盟和日本为加强与湄公河国家的联系以遏制中国，向澜沧江—湄公河流域的5个国家提供了大量的援助，日本等国家还借助亚洲开发银行在大湄公河次区域（GMS）经济合作中发挥积极主导力量。此外，印度也致力于在澜沧江—湄公河流域推动成立湄公河—恒河合作组织，先后提出了印度—湄公河区域经济走廊建设等倡议，无疑是对中国与东南亚关系的又一考验。这些域外国家和域外势力一直谋求在澜湄流域扩大影响力，其政策一定程度上对澜湄国家的舆论和民众认知产生影响。域外国家经常制造一些涉华的议题，旨在带节奏地诱导舆论走向。当前，新冠疫情、"一带一路"倡议、南海问题等都成为域外国家的炒作因素，一些污名化和抹黑打压极具煽动性和欺骗性，不利于澜湄国家民众形成对中国发展及成就的真实认知，一定程度上影响了他们对澜湄合作以及"一带一路"倡议的支持度和信任度。

（二）受内部舆论的影响

澜湄国家民心相通除了有域外势力介入和干扰，内部舆论也对其造成了影响。由于澜沧江—湄公河流域的6个国家在自身地理区

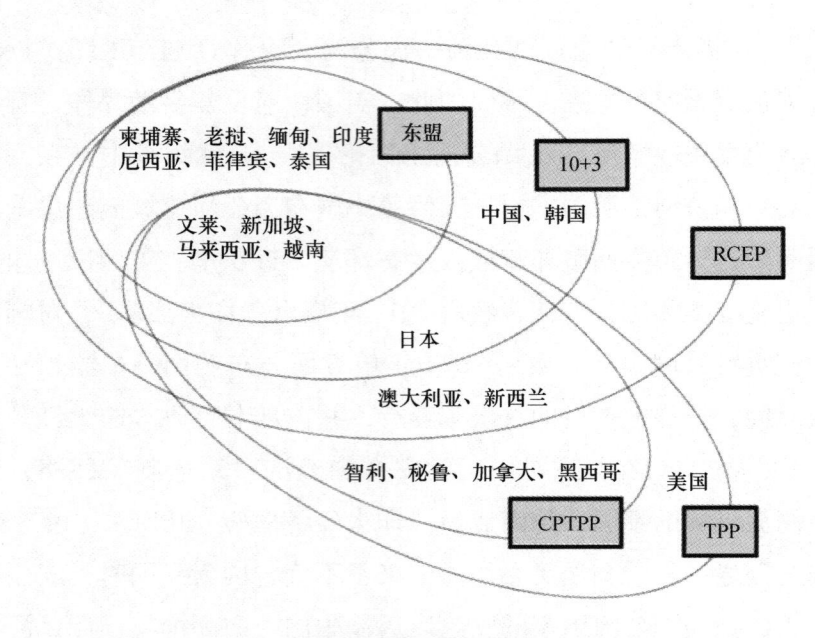

图 6-1　澜湄合作域外因素交织情况一览

位、发展战略和目标、地缘利益等方面的不同，各国的立场有出入、各国的声音也会出现差异和分歧，致使澜湄国家的诉求也会出现多元现象，参与的积极性也会有差异。同时，澜沧江—湄公河流域的 6 个国家还存在政治体制的不同、经济发展的不平衡、社会文化与民族宗教信仰的差异、国际影响力的不匹配等问题，使得湄公河国家本身对澜湄合作的接受程度不一致，加上部分域外国家与媒体一直增强和升级"水舆论战"，近十几年来更是将湄公河问题比喻成下一个南海问题，给流域内的国家带来了不必要的伤害和误解，基于各方所持立场的不同、所需利益的不一，致使澜沧江—湄公河流域的部分国家民众对中方合作和参与的一部分项目持有偏见和看法，在外部因素的挑动下，曾数次爆发抗议活动，造成了一定的经济损失，对合作项目的推进、双边关系的维系、多边合作的可持续都造成了一定的影响和打击。事实上，澜湄合作任何一个局部和环节出现问题，都会引起各国自身内部舆论的关注和兴趣，被媒体传播扩散、放大歪曲，出现唱衰、抹黑的杂音，对中国的伤害最大。尤其是现在互联网媒体快速发展，各国民众通过网络感知信息能力增强，网络民意和网络舆情如果不能客观、全面、真实地报道对方，很大程度上会影响到流域内各国社会客观情况和民众主观意愿，容易出现极端情况和双方针锋相对状况，国家之间民心相互出现隔膜，民心不通必然导致猜忌甚至对抗，势必也会拉远澜湄国家民众间的距离。

（三）受各自利益的禁锢

澜湄合作机制下澜沧江—湄公河流域的6个国家基于发展需要，对澜湄合作都普遍持欢迎态度，希望借助各方力量实现共同发展的互惠共赢。但是，基于6个国家自身各自利益的禁锢和限制，各国也会在实际的合作过程中出现利益分歧和观点出入。部分国家在特定的一个时期会缺乏政治互信，习惯性地对域外势力、外部因素报以防备、警惕和质疑的心理。以搭乘中国经济发展快车和便车为例，大部分国家均希望自身利益最大化，不愿意"吃小亏"的。从当前澜湄合作的实际进展情况来看，柬埔寨、老挝、缅甸等国对澜湄合作最热情；泰国基于自身原有的经济基础，期望能够继续在澜湄合作等机制中进一步发挥更大的领导作用；越南基于自身发展的考量和内部平衡的需要，时常对中国的发展抱有警惕心理。在整个澜沧江—湄公河流域，围绕水电开发利用，各个国家的关注度也比较高，比如：上游的老挝希望上线更多的大型水电项目，以期拉动自身的经济发展；中下游的泰国希望水电开发与农业灌溉并重，在一些重大的项目合作上，担心受制于人而不愿意与其他国家通力合作。越南希望以农业灌溉利用和河流沉积物流动为主，对中国在上游的水坝修建等问题一直耿耿于怀，总认为中国在上游修建的水电站会影响到越南国内。柬埔寨则希望大力发展渔业资源。同时，澜沧江—湄公河流域的有关国家受内部社会群体利益的左右，在持续深化澜湄合作方面也存在一定的不确定因素。以缅甸为例，其国内形势相对复杂，与中国接壤的缅甸东北部地区，长期被民族地方武装势力控制，受限于持续的武装冲突和政治不稳定，经济发展较为缓慢，形成了多元而复杂的社会利益结构。总而言之，澜湄流域各国都想获得利益最大化，巩固本国在湄公河的地位，使得澜湄合作受到的博弈和势力干扰增强，给澜湄国家继续深化合作带来了阻碍，民心相通上造成了不利影响。

（四）受新冠疫情的限制

自 2020 年新冠疫情暴发以来，澜湄合作遇到了新的挑战，民心相通也随之受到影响，特别是东南亚地区疫情出现反弹，国际新冠疫情跌宕反复，冲击着澜湄各国社会经济发展，危及人民健康。疫情发生以来，湄公河五国以不同方式对中方抗疫表示坚定支持，中方亦承诺新冠疫苗使用后优先向湄公河国家提供。从以往合作来看，六国关于公共卫生层面的合作推进较好、成效明显、经验丰富，但是，新冠疫情的暴发，也进一步放大了澜沧江—湄公河流域各国的内政积弊，一些国家民众受此影响较大，致使部分合作项目推进缓慢，甚至出现停滞现象。在人文合作交流方面，跨境旅游作为加强国家交往、加强人与人之间沟通的行业更是受到了重创，疫情背景下各国纷纷严格外来人员入境要求，甚至一些国家对外来人员持拒绝态度，跨境旅游人数锐减，未来旅游业发展可能受此影响发展缓慢（见图 6-2）。受疫情的影响，澜湄流域国家之间的跨境留学、跨境务工、卫生医疗合作领域也受到了挑战，合作项目和合作范围相应减少，一定程度上造成澜湄国家间的合作活力、民心联通水平下降。

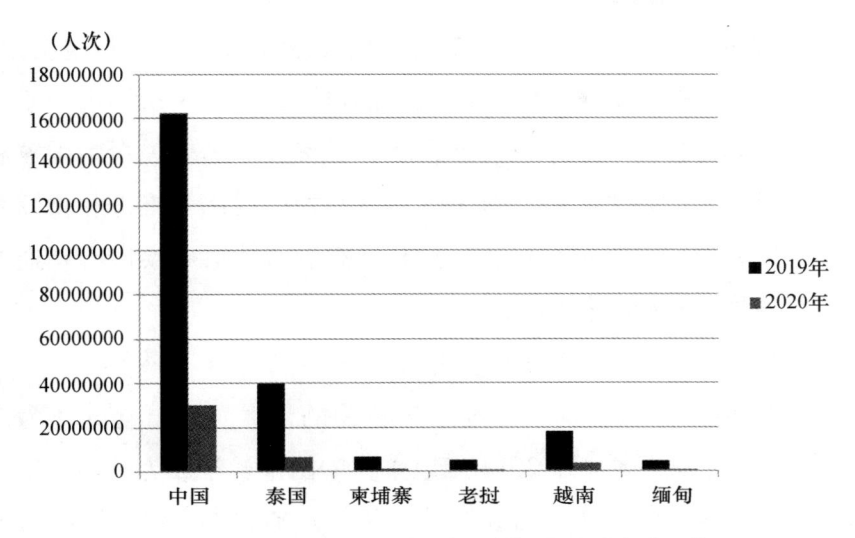

第六章 澜湄民心相通的影响因素和问题分析 / 81

图 6-2 2019—2020 年中国与澜湄五国旅游入境人数

数据来源：世界银行。

第二节 中泰民心相通的影响因素

一 驱动中泰民心相通的积极因素

（一）中泰双方发展战略具有结合点

泰国是澜湄合作首倡国，近年来，泰国非常重视中长期战略规划的编制和实施，形成了"二十年国家战略规划"，提出泰国工业4.0战略、东部经济走廊规划等战略布局与政策导向，其内容涵盖了基础设施建设、服务业与高新技术产业发展、区域产能合作与资源整合、人文交流与合作等众多领域，其内容与"一带一路"倡议、澜湄合作框架具有结合点，为中泰双方发展战略及民心相通提供了指引，指明了方向。

（二）中泰双方合作立场具有支撑点

泰国作为美国的军事盟国、日本的重要投资对象国，其国内的亲美、亲日力量根深蒂固，一定程度上阻碍了中泰合作的重大项目推进。以中泰铁路为例，从 2014 年双方达成合作共识以来，截至

2022年年初，双方先后举行了29轮中泰铁路合作联合委员会会议，甚至泰国巴育政府2017年6月还动用临时宪法第44条推进中泰铁路合作，其传递的信号十分清晰，就是对华合作是事关泰国国家利益与人民福祉的根本要务。对于中泰民心相通的深入推进和持续发展，中泰领导层的坚定合作立场具有支撑点，能对中泰民心相通产生重要的推动和引导作用。

（三）中泰双方互惠互利具有增长点

早在2009年，中国就已经成为东盟的最大贸易伙伴，作为东盟第二大经济体的泰国，2013年以来，中国也长年成为其最大贸易伙伴，在对华合作之中获益无穷。近年来，随着中国经济影响力的不断扩大，中巴经济走廊、孟中印缅经济走廊、中国—中南半岛经济走廊等建设成效明显，中老铁路开通运营效果显著，使得泰国社会精英患得患失的战略犹豫逐渐改变，正努力践行"一带一路"倡议，对接"泰国工业4.0战略"和东部经济走廊建设，为推动中泰战略合作及民心相通实施更为积极的行动。

二 影响中泰民心相通的消极因素

（一）泰国政局变化带来的制约

近年来，泰国国内政局多次变动，引发了一系列的罢工、示威、游行等抗议活动，政局的变化不仅会造成社会秩序的混乱，还会对泰国的社会稳定和对外交往产生一定的影响，从而制约中泰民心相通的发展，比如：教育方面会影响留学人员的人身安全、学习进度和学习效果，从而影响留学人员留学目的地的选择；旅游方面会影响游客的人身安全、旅游体验，从而影响旅游人员旅游目的地的选择；科技、文化、医疗卫生等方面会影响合作进度及合作执行效果，从而影响合作伙伴的选择，一定程度上会产生项目难对接、难协调、难落实的局面；在民间交往方面，会削弱双方民众的互动信心和热情，减弱双方民间交往的成效和发展进度。

（二）社会各界认知存在的分歧

受自身利益的影响，泰国社会各界对澜湄合作的认知存在一定的分歧，一部分人认为，澜湄合作将会成为推动泰国迅速发展的重大机遇和机会，另一部分人则担心，澜湄合作不能带来双赢，给泰国带来"弊大于利"的结果；还有一部分则认为，澜湄合作会破坏东盟的整体发展和地区稳定，担心泰国的国家安全和泰国在东盟内部的话语主导权会受到影响和威胁。在泰国，中泰民心相通需要社会精英、学者的积极建言和推动，受其认知的影响，可能导致中泰智库等交流受阻、厌华情绪增强，对中泰双边关系和民心相通产生迟滞现象甚至是负面效应。

（三）动态平衡大国关系的影响

"大国平衡术"是许多东南亚国家对外政策的核心，泰国作为澜湄国家经济发展水平较高的国家，基于其现实主义和利益需要，长期以来都力求在大国关系中找到平衡，当大国关系发生变化时，其通常都会据此优化调整平衡策略。由于泰国地理位置特殊，对大国的发展都具有一定的战略意义，美国、日本、俄罗斯、印度、欧盟等国家和组织为了维护好自身在东南亚的利益与影响力，都会通过资金援助与项目合作等途径，加强与泰国的关系，甚至人为设置阻碍中泰民心相通建设的前置条件，挤压中泰合作与民心相通的发展空间。泰国作为东南亚唯一的非殖民地国家，虽然拥有强烈的外交自信，但也不得不趋利避害甚至化危为机，坚持在区域战略格局调整中审时度势、随机应变，充当地缘政治变局中的"无奈受众"，实行更加保守的"大国平衡术"，努力规避地缘政治博弈的"风口浪尖"。

第三节　中柬民心相通的影响因素

一　驱动中柬民心相通的积极因素

（一）中柬双边关系稳定可期

中柬是铁杆朋友和具有战略意义的命运共同体，双边关系长期保持着高水平、高质量的发展态势，中柬双边关系已经成为中国与邻国命运共同体的最高层次。中柬两国同为东方国家，同受儒家文化和佛家思想的影响，共同拥有睦邻友好、团结共赢的思想价值，在过去两千多年的历史互动与交往中，中柬双方一直彼此尊重、以诚相待。立足当前，中柬双方在各自的核心利益和自身的重大战略等方面，也一直能够做到相互尊重、相互理解，在各种危难关头，中柬双方总是能够给予对方无私支持和帮助，这种战略互信为今后中柬双边关系的稳定、可持续发展和中柬民心相通奠定了坚实的基础、把牢了正确的方向。

（二）中柬发展战略高度契合

为了促进经济发展，持续改善民生，柬埔寨政府也在其国内全力推进"四角战略"的落地、持续强化《柬埔寨工业发展计划（2015—2025）》等政策的推进、稳步推进柬埔寨2035愿景规划等一系列国家重大发展战略的实施，柬埔寨的国家发展战略与中柬合作及澜湄合作的领域高度契合，双方也一直在加速战略对接并推进战略融合，发展战略的契合为柬埔寨继续保持7%左右的高经济增长率并为努力赶上区域内其他国家的发展水平提供了巨大的机遇和机会，也为中柬民心相通提供了内生的驱动力。

（三）中柬现实利益互补交织

柬埔寨地处澜沧江—湄公河的中心，在澜湄合作中的地位和角色极为突出，中柬双方遵循相互尊重、互利共赢的理念，以努力发展经济、持续改善民生、实现共同发展作为出发点和着眼点，双方合力开展了一系列、全方位、高质量的互利合作。通过多年的发展，中国已经连续成为柬埔寨最大的贸易伙伴国、最大的投资来源国和最大的旅客来源国，成为柬埔寨最大的发展援助伙伴。中柬合作和澜湄合作已经为两国人民、澜湄区域带来了实实在在的利益和好处，中柬现实利益的互补交织，为中柬进一步统筹人口、资源、资金等要素，发挥了中柬独特的比较优势和合作优势，有效提升了中柬双边自主、可持续的发展能力和民心相通内驱力。

二　影响中柬民心相通的消极因素

（一）潜在的渗透风险带来的不稳定因素

柬埔寨独立以来经历了5次政权更迭，其国内党派林立，彼此互相牵制，1993年大选时有40多个政党参选、1998年大选时有39个政党参选、2003年大选时有23个政党参选、2008年大选时有11个政党参选、2013年大选时有8个政党参选、2018年大选时有20个政党参选，这些政党派别纷繁复杂、派系矛盾重重、相互斗争激烈，导致柬埔寨存在政局不稳、安全环境不容乐观、内部政治性暴力事件日益凸显的情况。另外，西方很多国家的非政府组织在柬埔寨非常活跃，经常通过新闻舆论、民间渠道等途径，在柬埔寨开展对中国"妖魔化""负能量"的宣传报道，以各种方式和渠道开展渗透。美英等西方国家还一直以"民主进程倒退""人权状况恶化"等为理由，资助柬埔寨境内外各类反政府势力，攻击柬埔寨政权和政策，试图干扰中柬合作项目、阻止中柬合作进程、破坏中柬民心相通。

（二）薄弱的制度框架带来的不安全因素

由于柬埔寨的多次政权更迭，其国内的制度框架也长期饱受其党派博弈、政权更迭、政治动荡之苦，治理体系和治理能力比较脆弱，柬埔寨国家中央和地方在持续而稳定地制定、贯彻、落实、执行法律法规和政策等方面，存在一定的短板和不足，出现制度的缺陷性和薄弱性。柬埔寨人民党 2018 年赢得议会选举后，其国内政局趋于稳定，政府不断建立健全法律法规，提升治理能力和治理水平，但是其成效并不明显，腐败现象依然严重，连续多年被评为东南亚最贪腐国家。根据世界银行数据，2017 年柬埔寨国家治理能力百分比排名均值为 24.77，明显低于 BBi 级和 BBi + 级国家平均水平（见图 6-3）。联合资信评估有限公司 2019 年首次对柬埔寨的主权信用评定等级为 BBi，美国信用评级机构穆迪公司 2021 年继续将柬埔寨的主权信用等级评定为 B2，这些评级结果均表明柬埔寨存在一定的信用风险，容易受到不利环境和经济条件的冲击，一定程度上为中柬民心相通带来了不安全的隐患因素。

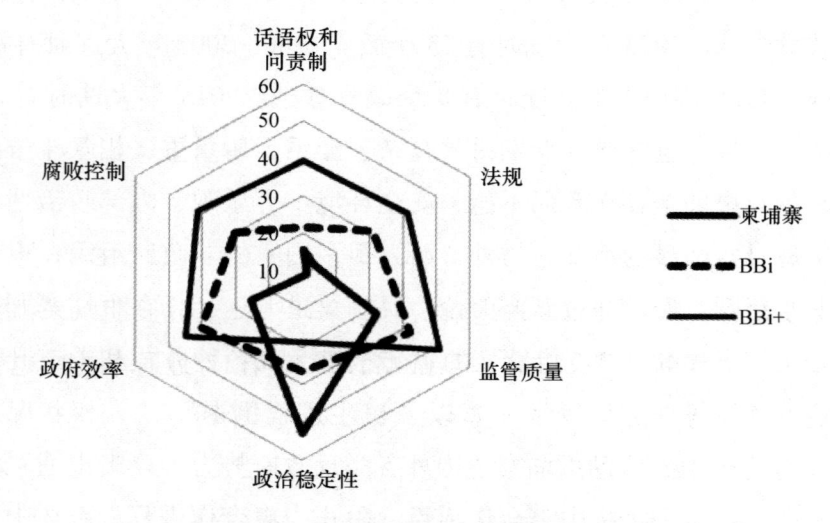

图 6-3　2017 年柬埔寨国家治理能力指数

数据来源：世界银行。

（三）较低的收入水平带来的不确定因素

总体而言，柬埔寨劳动力受教育程度偏低、管理制度不健全、基础设施薄弱、商业化程度不高、创新能力不足，致使其经济发展整体水平相对偏低、人民生产力低下、消费水平一般、国际竞争力较弱，呈现出百业待兴的姿态。特别是新冠疫情对经济的重创，被誉为"亚洲新老虎"的柬埔寨亦无法幸免。国际货币基金组织2022年4月发布的研究数据显示，新冠疫情造成柬埔寨的贫穷率（家庭收入每天低于1.90美元），由疫情前占柬埔寨家庭总数的10%，激增至占柬埔寨家庭总数的17.3%。当前，柬埔寨有七成人口仍居住在农村地区，柬埔寨政府确定的联合国永续发展目标，计划在2030年前把生活在"贫穷线"下的人口比例下降至8%。在此背景下，柬埔寨整体的经济发展水平和经济收入水平，也一定程度上为中柬民心相通带来了不确定因素。

第四节 中老民心相通的影响因素

一 驱动中老民心相通的积极因素

（一）具有地缘优势的联结条件

老挝是东南亚唯一的内陆国家，被澜沧江—湄公河流域的中国、缅甸、泰国、柬埔寨和越南5个国家环绕，老挝长期以来都致力于推行"变陆锁国为陆联国"战略，2021年12月通车的中老铁路是老挝政府将国家"由陆锁国变陆联国"战略的重要一环，将彻底改变老挝在海洋性全球化世界格局中的现状。自古以来，中老边境山水相连，澜沧江—湄公河流域纵贯中老两国，500多千米的中老边境线共同造就了中老跨境民族在衣食住行、民族文化、风俗习惯等方面的相似与相通。地理位置的相邻、地缘优势的联结，不仅是中老民心相通的首要且必要条件，也是中老民心相通的最强驱动力。

（二）具有制度相同的战略条件

中老同属社会主义国家，堪称一衣带水、唇齿相依的"同门同志"，在中国的外交格局中，周边外交居于首要地位，而在中国的周边外交格局中，中老关系又是具有特殊位置的双边关系。基于中老双方具有制度相同的战略条件，双方更容易在彼此信赖的基础上，加快形成中老双边感情和双边认同。基于中老双方国家层面的制度相同、社会层面的文缘相通、民众层面的人缘相近，推进民心相通建设，打造中老具有战略意义的命运共同体可谓是"天时地利人和"。

（三）具有人文认同的支撑条件

由于中老两国山水相连，中老跨境民族之间存在着悠久的历史和文化渊源，具有大量的文化相似性。中老跨境民族本质上属于同根同源，在中老国家边界未划定之前，他们曾是同一民族，由于中老跨境民族血缘相连、文化相近，中老跨境民族之间长期保持着友好往来关系，这种友好往来体现在微观家庭生活层面的跨境婚姻、人际交往等方面，体现在社会生活层面的民俗习惯、边民互市等方面，体现在国家双边层面的团结合作、命运与共。中老双边具有人文认同的相互支撑，为中老民心相通建设奠定了坚实的人文基础和人文条件。

二 影响中老民心相通的消极因素

（一）宏观层面受地缘政治因素的掣肘

中国遵循"亲、诚、惠、容"的周边外交理念，积极利用中老双边合作机制、澜湄合作机制、中国—东盟"10＋1"合作机制等，支持老挝搭乘中国发展快车，推动老挝经济社会发展。然而，部分域外国家出于地缘战略考虑和地缘政治因素，担心中国在老挝的影响力日益扩大，可能对其带来战略威胁和利益受损，所以，经常秉持冷战思维抹黑和攻击中国，不断影响和左右老挝与中国的深度合作，甚至还污蔑老挝北部与中国邻近地区已经沦为中国的"飞地"。这些炒作和掣制，可能会引起老挝少数极端不法分子的仇华思维和行动，甚至会发展演变为极端的资源和环境民族主义，不利于中老战略命运共同体的打造和中老民心相通的建设。

（二）中观层面受区域经济发展的牵制

老挝整体经济发展水平偏低，GDP总量只有190亿美元左右，联合国大会于2021年11月24日通过了"老挝脱离最不发达国家行列"的决议，但是，联合国又考虑到新冠疫情给老挝带来的冲击影响，根据联合国发展政策委员会的提议，又给予了老挝五年的"毕业准备期"。受老挝整体经济发展的牵制，其国内基础设施比较落后，境内交通极为不便，在中老铁路开通运营之前，是"世界上极少数无铁路货运的国家"，大部分地区都必须通过普通公路进行接驳、集散，运输成本较高，互联互通的不便利一定程度上制约了中老合作和澜湄合作层次和领域，阻碍了中老合作和中老民心相通建设的水平。

（三）微观层面受主体内生动力的限制

从实践情况来看，中老双方政府层面的合作意愿强烈、意向明确、配合有序、衔接较好，在具体操作层面，双方对合作内容、合作方式及合作目标还存在一些偏差，特别是在民众层面，受老挝人性格温和的特点限制，一些老挝民众的真实想法与中国民众并不完全一致，假如用中国人的价值观、思维方式去衡量老挝当地居民的内心想法，基于非完全真实的信息而作出的判断，往往最终的决策与实际落实都会存在一定的偏差。归纳而言，就是在微观层面，老挝民众的主体内生动力没有完全激发，可持续发展动力不足，一定程度上制约了中老民心相通建设。

第五节　中越民心相通的影响因素

一　驱动中越民心相通的积极因素

（一）地缘相近的邻居关系驱动

中越两国山水相连，是地理上永远搬不走的邻居，双方陆地边界线长 1449.566 千米。实践证明，两国和睦，双方都受益，一旦两国相争，谁都不可能安宁，将会一损俱损。中越双方睦邻友好、和睦相处，是顺应和平发展、合作共赢国际形势的现实需要，是维护双方共同利益、促进地区稳定发展的现实要求，是驱动中越民心相通、增进双方民生福祉的必然要求。

（二）志同道合的同志关系驱动

中越同属社会主义国家，两国国情相似，两国两党在党的建设、治国理政、抵御西方"和平演变"等诸多方面都面临相同的课题、拥有相似的历史文化、面对相同的意识形态、具有相同的发展任务。立足中越双方国情，中越两党两国以及两国人民共同选择了走社会主义发展道路、共同选择了为相同的社会理想而奋斗，这种志同道合的同志关系驱动，将会为中越双方合作带来共识、提供动力，将有助于把中越两党两国以及两国人民紧紧联系在一起。

（三）合作共赢的伙伴关系驱动

互利互惠、合作共赢是中越民心相通的经济基础，近年来，中越经贸合作快速发展，两国的经贸相互依存度呈逐年递增趋势，中国已经连续十多年成为越南的最大贸易伙伴国，越南也连续多年成为中国在东盟的第一大贸易伙伴国。两国经贸联系日益密切，有助于促进中越双方建构长效机制、推进务实合作、拓展共同利益、实现共同发展、促进民心相通。

二 影响中越民心相通的消极因素

（一）内外因素的影响

从历史上看，中越双边关系受错综复杂的历史纠葛的影响和制约，其情绪十分复杂，越南长期对中国抱有警惕、戒备甚至是敌对的心理。从现实来看，由于越南推行"海洋战略"和"海洋强国梦"，其一直担心中国的发展会挤占越南自身的战略空间，目前的南海争端已经成为制约中越关系发展的主要障碍。同时，中越民心相通还受外部因素的影响，长期以来，越南奉行大国平衡战略，美国、日本等外部势力通过各种方式"拉拢与打压相结合"，渲染中越合作的种种问题，旨在煽动反华情绪来实现其阴谋，促使越南对华战略和具体政策前后矛盾、左右为难，近年来，越南国内在对华态度上还出现了一定程度上的"远华亲美"现象。

（二）民众隔阂的制约

基于历史与现实等多重因素的影响，越南民众对中国的态度显得比较矛盾，部分民众对中国人存在一定的心理隔阂，互信度降低。受越南国内民族主义思想抬头、教科书渲染及舆论影响，加之域外国家的渲染误导、干扰妨碍，不少越南民众对于中国封建王朝统治越南的历史耿耿于怀，对近现代发生的中越边境军事冲突耿耿于心，他们往往从中越两国当前仍存在的海洋领土争端出发，心存"强邻须警惕"的戒备心理，常常误以为中国要借发展之机"控制越南经济命脉"，越南民众这种对华负面认知，一定程度上对构建中越命运共同体形成了障碍，影响了中越民心相通的民意基础。

（三）现实利益的交织

越南民众不仅因历史、文化等原因对中国持有一定的抵触情绪，在现实的交往中，出于现实利益的考量，越南民众一定程度上也对中国抱有矛盾心态。近些年来，越南的经济取得了持续发展，在此背景下，越南政府和社会一方面不断强调要持续发扬民族优良传统、弘扬爱国主义精神，刻意淡化、去除越南文化中存在的"中国影像""中国色彩"，通过"去中国化"来保持民族本色。另一方面，面对百年变局和世纪疫情交织叠加，地区形势发生深刻复杂变化，加之越南国内经济发展的现实需要和紧迫要求，中越双方的共同利益更加广泛、利益交织更加紧密，他们不仅乐于与中国持续发展经贸关系，而且还毫不掩饰地学习、借鉴甚至是复制照搬中国的发展模式和经验。

第六节　中缅民心相通的影响因素

一　驱动中缅民心相通的积极因素

（一）地缘相近

中缅两国是山水相连的友好邻邦，两国地缘相近、唇齿相依，有着2186千米的边境线。中缅边境地带包括中国云南的保山、德宏、临沧、普洱、西双版纳等州市的沿边区域，有傣族、佤族、景颇族、傈僳族等十余个少数民族跨境而居。早在两千年以前，经中国西南地区出境，途经缅甸、印度，进入阿富汗、到达欧洲等地的"南方丝绸之路"，就已经成为中国与南亚东南亚等地区交流与交往、联系与联结的纽带和桥梁。当前，中缅交通在泛亚交通网中，同样也具有不可替代的枢纽作用，特别是在中美战略竞争的格局下，充分发挥中缅地缘优势，推进包括中缅新通道在内的中国与东南亚互联互通工程，对于提供缅甸发展机会、加强中缅传统友好、助力中缅民心相通、维护区域安全稳定等都具有重大的战略意义和现实意义。

（二）人缘相亲

中缅两国人民自古相亲相融、情谊深厚，留下了许许多多感人至深的交往佳话。中缅友好交往跨越千年、绵延不断，无论是两千多年前的秦汉时期的南方丝绸之路，还是近现代以来中缅两国患难与共，携手反抗殖民主义、帝国主义，无不体现出中缅双方的心意相通、患难与共。实践已经证明并将继续证明，中缅胞波情谊历经千年始终如一。目前，中国与缅甸两国边境地区居住着汉族、佤族、傣（掸）族、独龙族、傈僳族、景颇（克钦）族、德昂（崩龙）族、回族、苗族、瑶族、哈尼族、拉祜族、布朗族、阿昌族、怒族15个民族，这些民族民间往来频繁，长期和平跨界而居，人缘相亲带来的跨境民族和谐共生及中缅人员友好往来，为中缅双边关系的发展提供了强大动力和持久源泉，也必将进一步驱动中缅人民感情共融、民心相通。

（三）文缘相通

中缅两国之间有着悠久的文化交流历史，最早可以追溯至公元前3世纪，当时，南传上座部佛教逐渐传入南亚东南亚地区，自唐代以后，经由缅甸、泰国等地传入中国境内的云南等地，对边境地区特别是当地傣族的风俗习惯、历史文化等都形成了深刻而长远的影响。明清后期到民国初期，大批的中国人到缅甸生活，有力地促进了中缅文化的相互融通和交流，沿着"南方丝绸之路"以及"茶马古道"而修筑的滇缅公路、史迪威公路，进一步加强了中缅经济文化的往来。近代以来，中缅之间的文化交流及文化往来从未间断，特别是中缅边境地区的跨境民族同宗同源，具有共同的历史渊源、共同的民族语言、共同的生活习惯、共同的宗教信仰，这些都成为中缅跨境民族以及中缅民众维系情感、民心相通的无形纽带。

二 影响中缅民心相通的消极因素

（一）缅甸政治局势的掣制

在缅甸政治民主化的进程中，呈现出了具有缅甸独特特点的不确定因素，体现出其"稳"中有"不定"、"转"而未"成型"的特点，从意识形态、发展目标和战略利益等角度而言，缅甸军方与缅甸民盟政府持续博弈、相互掣制，和解遥遥无期，双方存在的结构性矛盾，致使其国内形成了事实上的"二元权力结构"局面。当前，缅甸的各种政治隐患、民族矛盾，以及前景不明朗的政治民主化转型局面，都可能导致缅甸社会的治安恶化、群体性事件的频发，甚至可能影响其对华的政策和立场，给中缅民心相通带来潜在的不确定风险和挑战。

（二）域外势力介入的影响

受地缘因素影响，美国、日本、印度、澳大利亚等域外国家在缅甸均有自身的重大利益，它们将中缅关系的改善视为对其战略利益的重大挑战和威胁，都不希望中缅合作走深走实，长期以来，通过舆论误导、非政府组织渗透等方式，直接或者间接地影响、阻碍，甚至是干扰、破坏中缅合作。域外势力经常软硬兼施，通过各种方式向缅甸政府施加压力，迫使缅甸政府选边站，进而改变缅甸政府的政策偏好，影响中缅经济走廊等具体合作项目的推进和落实。缅甸政府为拓展自身的国际活动空间，也经常通过"大国平衡战略"来获取最大的战略利益，一定程度上对中缅合作及中缅民心相通造成了干扰和牵制，对澜湄合作、中缅经济走廊建设等中缅合作项目带来一定的负面影响。

（三）民众理念差异的制约

缅甸虽然是南亚与东南亚的走廊，但是，至今都显得相对闭塞，仍然保留着较为传统的历史风貌。在缅甸，南传上座部佛教传播历史久远、深入人心，长期以来，都影响着缅甸民众的价值观念、人生态度和民族精神，导致缅甸民众对物质财富的追求显得比较淡泊、比较"佛系"，大多数缅甸民众"佛"得天赋异禀、"佛"得顺其自然，对国家和自身的落后毫不在意。思想是行动的先导，理念的差异一定程度上影响了中缅民心相通建设及中缅合作能否走深走实，中国人民认同的"发展才是硬道理"等理念，在缅甸民众中无法生根落地、开花结果。

第七章

促进澜湄民心相通的对策与建议

第一节 促进澜湄民心相通的对策与建议

一 澜湄民心相通的应对策略

(一) 通过经济驱动夯实澜湄民心相通的基础

经济是基础和第一要务，发展是解决所有问题的关键，要促进澜湄流域的民心相通，需要充分发挥澜湄流域六国经济关联性高、互补性强的特点，挖掘澜沧江—湄公河黄金水道资源禀赋，努力打造开放包容、创新高效、协作共赢、环境优美、融通联动的澜湄流域经济发展带。在澜湄流域经济发展带的框架下，加强基础设施建设、推动产业发展转型、加快跨境电商发展、提升网络联通水平，全面辐射带动澜湄流域腹地发展，通过经济驱动谋求澜湄流域民众的合作共赢，实现全流域经济发展质量和效益的提升。

(二) 通过政策驱动夯实澜湄民心相通的保障

政策是基石和制度保障，要积极对接澜湄流域六国发展战略，制定符合澜湄流域实际情况的政策措施，通过政策驱动来指导民心相通的实践发展，实现澜湄流域的优势互补，解决澜湄流域原有的不平衡、不协调、不可持续发展问题，努力推动澜湄流域合作进程，为澜湄流域的人员往来、物资运输、招商引资等提供便利化、自由化的措施，构建更完善的澜湄流域产业链和价值链，在澜湄流域生产要素合理流动和资源优化配置的基础上实现协调发展和民心相通。

（三）通过文化驱动夯实澜湄民心相通的前提

民心相通贵在文化间的理解与包容，构建澜湄流域命运共同体需要不断推进和而不同、兼收并蓄的文化交流。一方面可以通过文化互访、文化活动、文化合作等文化交流来潜移默化地促进澜湄流域的心灵相通，另一方面也可以通过科技、人文、教育、医疗、卫生等领域的资源开发、经贸往来与互利合作来带动澜湄流域的民心相通，共同谋求文化认知的更大公约数，实现文化间的理解、认同、共识，最终在无形中拉近澜湄流域不同区域间人民的距离，以对话交往倡导澜湄流域间的聚同化异、包容借鉴。

（四）通过共生驱动夯实澜湄民心相通的目标

随着全球经济的发展，澜湄流域各国相互依存、休戚与共，澜湄流域各国已经实现了政治、经济、文化等多方面的互利共赢，在新时代背景下，需要流域六国顺势而为，推动建立以共商、共建、共享为原则，以互信、互利、互容为基础，以利益、责任、命运为愿景的澜湄流域共同体，通过以共生驱动推进澜湄流域的可持续发展。

（五）通过平台驱动夯实澜湄民心相通的机制

搭建澜湄民心相通的交流平台，可以从政府交流平台、企业交流平台、民间交流平台等层面入手，注重澜湄民心相通的互动性、参与性和大众性。在政府层面，可以通过公共外交平台，让澜湄流域各国轮流主办民心相通交流活动，助推政府及民间的澜湄民心相通；在企业层面，可以通过经贸平台助推双边乃至多边的互利共赢；在民间层面，可以通过旅游观光、探亲访友、文化交流等友好往来促进澜湄民心相通的可持续发展,真正让合作共赢深入人心、惠及澜湄流域最广大人民群众。

二 加强澜湄民心相通建设的建议

(一)加强顶层设计,进一步完善长效机制

立足澜湄合作的新形势,结合澜湄六国的最新发展战略和发展规划,基于澜湄六国共识和利益,进一步建立健全兼具规范性和灵活性的澜湄合作规范,将双边合作共识与多边合作理念有机结合、相互融合,着力推动中缅、中老经济走廊建设纳入澜湄流域经济发展带建设,切实促进澜湄互联互通合作规划与《东盟互联互通总体规划2025》等的兼容发展,加快制定完善澜湄合作乃至澜湄民心相通建设的新一轮"五年行动计划",着力加强澜湄合作的战略协同和利益融合,为澜湄合作和澜湄民心相通提供宏观层面的顶层设计、中观层面的方向指引,最终实现微观层面的措施落地。在现有的澜湄六国成立澜湄合作国家秘书处或协调机构的基础上,推动成立澜湄合作国际秘书处,负责对内协调澜湄六国、对外协调域外国家和其他机制,进一步激发澜湄合作活力,完善澜湄合作长效机制,加强澜湄六国在发展问题上的议题设置和把控能力,提升澜湄合作的自主性。

(二)丰富合作内涵,进一步提高合作层次

进一步提升澜湄合作五大优先领域的合作层次和层级,强化优先合作领域间的协同配合,以具有普遍共识、具有辐射效应的合作领域撬动教科文卫体、旅游交流、民间交往等其他更广泛领域的合作。同时,针对其他机制和域外国家,建议采取灵活性、差异化的原则强化合作,实现优势互补、互惠共赢。针对数字经济发展契机,建议强化"数字澜湄"建设,成立数字澜湄产业联盟,打造在线旅游、移动支付、智慧物流、跨境电商等新型业态。针对新冠疫情，建议加强澜湄国家公共卫生合作，强化传染病早期预警合作，完善澜湄流域重大突发公共卫生事件的信息互报和联合处置，进一步加快落实《关于在澜沧江—湄公河合作框架下深化传统医药合作的联合声明》等精神，在澜湄合作专项基金框架下强化公共卫生专项资金的使用，提升澜湄流域的医疗卫生基础设施条件，强化医疗卫生人员培训和人才流动，支持医疗卫生产能合作，继续组织实施好"澜湄热带病防控行""中医针灸进澜湄""本草惠澜湄""健康心行动"等项目，致力于打造澜湄卫生健康共同体。针对文化交流合作，进一步加强澜湄合作机制下文化交流合作，推动建立澜湄流域国家文化行政部门负责人定期会晤座谈机制，推动"澜湄流域国家文化遗产保护与推广研讨会"机制化高端化发展，办好"澜湄流域国家文化艺术节"等品牌活动，组织开展澜湄流域国家跨国采风活动，组织开展澜湄流域国家博物馆图书馆交流合作活动，拓展和深化澜湄流域国家文化遗产保护合作，不断丰富合作内涵，做大做强做优澜湄国际文化品牌，努力构建澜湄流域国家文化交流合作的新格局。针对教育科技合作，加强澜湄人力资源开发与合作，面向澜湄市场培养急需人才，注重"授人以渔"，强化澜湄六国联合科研平台的共建共享。针对民间交往方面，鼓励澜湄六国贸促机构、商协会等组织加强交流、深化合作，重视发挥私营部门、非政府组织等的凝聚功能和桥梁作用，有效扩大澜湄六国学界交流，增强澜湄六国智库声音，进一步强化媒体交流，促进青年交往，以澜湄意识养成推动澜湄民心相通。

（三）调动整合资源，进一步激发内生动力

基于澜湄六国的历史传承、发展现状和未来发展，落实《关于深化澜沧江—湄公河国家地方合作的倡议》精神，推动形成"国家—社会—地方"三级合力，加强澜湄六国地方政府特别是澜湄六国跨境区域的合作，重视发挥中小微企业和个体的基础性作用，有效提升互联互通水平，大力激发澜湄六国各地对澜湄合作的参与度，切实构建以人为本、绿色高效、勇于创新、共同繁荣的"澜湄发展观"，内化"澜湄命运共同体"意识。以文化交流为例，国家层面进一步落实《澜湄文化合作宁波宣言》等精神，地方层面进一步落实《澜湄合作机制下云南文化交流合作方案》等精神，不断完善澜湄流域国家文化交流布局，努力丰富澜湄流域国家文化交流内容和形式，持续改进澜湄流域国家文化交流工作机制，加快建立"政府引导、企业主体、市场运作、社会参与、互利双赢"的澜湄流域国家文化交流交往交融的新格局，推动形成澜湄流域国家多元文化深度融合发展和创新传承弘扬的新篇章。同时，进一步加强澜湄六国友城建设，织密织牢澜湄地方政府的合作网，建立健全澜湄合作的示范案例库、项目库和专家库，以典型引路法总结并推动合作经验和成果，形成示范效应。坚持开放包容、和谐共生的理念，加强澜湄合作与其他次区域合作机制的协调配合，特别是要强化澜湄合作"3+5+X"合作框架与东盟共同体三大支柱、中国—东盟"2+7"合作框架等机制的对接与衔接，形成基于"利益—责任—规范"的澜湄合作内生动力。

（四）推动旅游交流，进一步夯实民意基础

加快推动澜湄旅游圈建设，抓好澜沧江—湄公河旅游城市合作联盟和跨境旅游合作区建设，制定和完善《澜沧江—湄公河旅游城市合作联盟章程》《澜沧江—湄公河旅游城市合作联盟概念方案》《澜沧江—湄公河国家跨境旅游合作区建设方案》等文件，为开展澜湄流域的多边、双边跨境旅游提供制度支撑和机制保障。推动澜湄流域国家签署《跨境旅游合作协议》《便利货物及人员跨境运输协定》等文件，围绕资源互享、客源互送、信息互通、人才互动，努力实现游客与旅游生产力要素在澜湄流域跨境旅游合作区内自由流动。通过澜沧江—湄公河跨境旅游合作论坛、"七彩云南·文化周边行"交流活动等载体，注重澜湄国家旅游产品的开发与营销，强化澜湄国家旅游基础设施建设，积极利用中国东盟旅游培训基地等平台，加强澜湄国家旅游人才培养，丰富澜湄国家旅游教育交流培训等活动。

第二节 促进中泰民心相通的对策与建议

一 进一步强化政策保障，打造旗舰路径

进一步发挥中泰民心相通政策的保障功能，加强中泰官方层面的交流与磋商，强化政策与保障，注重引领与规范，加强中泰双方各部门的协同与配合，形成中泰民心相通的动力与合力。在顶层设计方面，强化宏观设计、注重微观落实，使中泰双方的民心相通更具前瞻性。在政策宣传方面，强化政策宣讲，促进中泰社会及民众全面了解和认识对方的政策和措施。在路径规划方面，注重立足双方实际，增强针对性、适用性和可操作性，致力于打造具有"中泰一家亲"特色的民心相通"旗舰"路径。

二 进一步加强机制建设，丰富交流平台

进一步强化中泰民心相通机制的导向功能，完善中泰双方在国家、地方等层面的双边和多边机制，在各个路径中建立和创新官方层面的交流平台，建立健全中国与泰国政府之间的教育部、科技部、文旅部、卫生部、体育总局等部门之间的部长级会议和部长级磋商机制。在旅游交流与合作方面，发挥中国与泰国的旅游资源优势，努力推进中泰双边旅游一体化建设，进一步建立健全中泰两国间突发事件处理与应对的合作机制，进一步加强完善中泰两国间旅游宣传和能力提升培训机制，持续办好中泰旅游交流博览会、旅游合作会议等，扩大辐射力和影响力，打造更多具有中泰民族文化特

色的旅游品牌，推出更多的"一程多站式"中泰双边精品旅游路线；围绕新冠疫情带来的挑战和机遇，借助智慧旅游概念，培育"线上线下"新动能，努力转危为机，促进中泰旅游产业的转型和升级。在人文交流机制方面，制定科学合理的中泰人文交流计划，尊重和激发中泰各方主体的参与热情，创新人才交流机制，鼓励中泰之间专家、精英、学者的互动，为中泰双方的交流提供智力支持；创新教育交流理念，强化中泰高等教育合作联盟、中泰职业教育联盟，继续办好中泰高等教育合作论坛暨中泰高等教育合作联盟年会，加强双方在教育领域的联合培养，扩大中泰双方留学人员的招收名额，加大奖学金的资助力度，推动区域产学研合作，打造澜湄流域高质量人文交流交往的示范高地。在安全合作与应对机制方面，依托原有的中国与东盟建立的跨国犯罪打击、禁毒、反恐、疾病防控以及湄公河联合执法等合作机制，深化中泰双边安全的合作机制建设，降低非传统安全对中泰人文交流和民心相通等方面的威胁和限制。

三 进一步增强内生动力，夯实民意基础

进一步激发中泰民心相通持久的动力功能，注重民众根基的建立，促进中泰民心相通的可持续发展。在舆论引导方面，进一步强化媒体正面宣传与引导，规范媒体传播的真实性和客观性，营造健康有序的中泰舆论环境，弘扬中泰民心相通的正能量和精气神，增强中泰相互理解，形成中泰民间共识，夯实中泰民意基础。在凝聚力量方面，要充分发挥具有"民间大使"功能的华侨华人的纽带和桥梁作用，充分利用华侨华人具有的广泛人脉关系、良好经济实力，以及融通内外、联动各方的资源和优势，有力促进中国与泰国社会民众之间对彼此的社会文化了解，增进中泰民众心与心之间的交流，加强中泰民间社会在各个领域的互动、互补、互融、互鉴。

在友好城市方面，强化中泰双方在教育、科技、文化、卫生、体育、旅游等领域的全方位合作，努力实现中泰文明互鉴、共同发展、成果共享。

第三节　促进中柬民心相通的对策与建议

一　加强战略对接促进中柬民心相通

基于地理位置优势，柬埔寨堪称是澜沧江—湄公河合作的"支点国家"，建议从国家层面、具体合作层面、民间交往层面等各方面，全面落实好中柬两国领导人达成的重要共识，进一步推动双方发展战略的深度对接，加大中国与柬埔寨已有合作框架以及相关协议的执行与落实。聚焦柬埔寨国家的发展、社会的需求、民众的关切，加大战略对接的力度，加强与相关国际组织、智库机构和联盟、非政府组织和社会团体、各级各类协会等的合作，自上而下推动战略规划的顶层设计对接，自下而上促进规划政策与基层实际的衔接，努力探寻中柬双方的利益契合点和合作的最大公约数，努力推动建立中柬双方各层级的合作推进机制，形成全方位、多层次、立体化的中柬民心相通建设体系，以期形成澜湄民心相通的示范和带动作用。

二　用足政策利好促进中柬民心相通

依托已有的中国—东盟自贸区《服务贸易协定》等政策优势，整合资源优势，总结、探索中国自贸区、相关境内外经济合作区的改革与创新实践经验，围绕构建中柬命运共同体，用足政策利好，用好中柬自贸协定和RCEP协定等贸易便利安排，积极拓展中国与柬埔寨贸易规则协调一致的范围和领域，不断扩大合作领域、提升合作质量、拓展合作规模，避免出现重精英轻草根、重官方轻民间的民心相通建设的失衡现象，不断发掘两国教科文卫体、旅游交流、民间合作等潜力，以"共商、共建、共享"为原则塑造"平等亲和"国家形象，努力推动中柬两国民间交流。充分运用中国与柬埔寨的友好城市建设政策，挖掘中国与柬埔寨已经建立的 24 对友好省市的资源和优势，将"城市友好"的政策不断转化为"民众友好"的力量。积极谋划并壮大疫情背景下的旅游交流和交往，大力提升签证便利水平，使中柬两国民众在便利往来中，进一步深化认识、强化认同、加深友谊。

三　发挥互补优势促进中柬民心相通

充分发挥中国与柬埔寨两个国家的比较优势，进一步挖掘和整合双方的技术、资源、人口等生产要素资源，努力实现优质资源互补、优势特色互促，持续提升中国与柬埔寨两个国家的独立、自主、可持续发展的动力和潜力，形成互利共赢良性发展的不断循环。积极对接柬埔寨"四角战略"目标，成立中柬人才交流委员会，建立"请进来"与"走出去"有机结合的双向机制，拓展中柬双边学历教育、培训研修、考察交流等合作形式和途径，加大对柬埔寨语等专项人才教育的支持力度，加强中柬双方人力资源合作与交流，促进中柬双方人力资源互联互通，通过"中柬智慧""中柬方案"形成"中柬动力"。加强智库外交等人文交流机制建设，充分发挥智库的社会影响力和对外传播优势，进一步强化电影、纪录片等优秀文艺作品的大众文化传播功能，大力激发孔子学院、商会、企业、华人华侨、游客等组织和群体的公共外交主体作用，积极运用好中柬相关媒体平台，讲好中柬故事，引导民众强化认同和认知。

第四节　促进中老民心相通的对策与建议

一　加强战略对接，以互尊互信的命运共同体促进中老民心相通

把准中老"战略命运共同体"合作的航向，围绕中老双方"捍卫社会主义制度，确保共产党永久的执政地位"的合作主线、主轴和核心，加强战略对接，强化中老双方在治国理政、党的建设等方面的交流与合作，共同探索适合社会主义国家发展的道路和模式。要依托2010年建立的两党理论研讨会机制，深化两党、两国共识，深入推进理论建设和发展实践，增进中老人民之间的身份认同和价值认同。建立跨地区发展合作机制。加强"一带一路"倡议、澜湄合作等机制与中老经济走廊建设、老挝政府推行的"陆锁国变陆联国"等战略的对接与衔接。在国家层面，要注重和加强中国"十四五"发展规划和2035远景目标与老挝"九五"发展规划等发展战略的双边融合和有机衔接。进一步理顺原来已有的中国—老挝经济走廊联席会议、中国云南—老挝北部合作工作组等双边和多边合作机制，发挥桥梁与纽带的作用，分解任务、落实举措，不断健全和完善中国与老挝的跨国协调机制。在地方层面，要做好地方与地方的合作、强化地方与中央的对接，保顺畅、抓落实、提实效，进一步贯彻和实施《云南省服务和融入中老经济走廊建设实施方案（2020—2025）》等文件，围绕地方出台的《贯彻落实习近平总书记重要讲话精神维护好运营好中老铁路开发好建设好中老铁路沿线三年行动计划》等文件，抢抓机遇，充分发挥中老地缘、人缘和文缘优势，在中老铁路沿线推进实施一批"小而美"的民生工程项目，提升中老民众的获得感，厚植中老民心相通的根基。

二 拓展务实合作,以互惠互利的命运共同体促进中老民心相通

当前,中老关系处于历史最好时期,要以此为契机,注重国际传播能力建设,内宣外宣联动互动,努力提升中国与老挝的国际传播形象。要充分运用数字优势,掌握网络主动权,强化传统媒体与新兴媒体的合作与交流,借助智慧智能平台、互联网及新媒体、各类社交软件和平台、智库机构、民间"大V"等优势,丰富交流工具,拓展交流渠道,发挥中老跨境民族语言、文化优势,讲好"中老故事",拓展务实合作,注重利益共享,充分利用南博会、GMS合作和中国—东盟自贸区等平台,抢抓RCEP生效契机,发挥昆曼公路、中老铁路等设施作用和辐射效应,继续深化中老双方在政治互动、教育文化交流、科技创新公关、医疗卫生合作、生态环保利用、智慧物流建构、防灾减灾、脱贫减贫、非传统安全应对、民间交流交往等方面的合作与交流,聚焦"硬联通",促进"软联通",推进"心联通"。深入开展"湄公河光明行"医疗活动等,携手抗击新冠疫情,加强联防联控和信息共享,推动中老卫生健康共同体建设走深走实。加快推进中老澜沧江—湄公河航运发展,打造中老黄金水道。推进"智慧通关",提高通关便利化程度,运营好"中老国际班列"品牌,利用中老铁路开通契机,加快构建以中老经济走廊为轴、辐射周边的立体发展格局,努力吸引人才、技术等要素在中老铁路沿线集聚,促进要素在中老铁路沿线流通,带动中老铁路沿线及周边的交通物流、文化旅游等产业的可持续发展,努力形成更多接地气、聚人心的中老合作成果,以互惠互利的命运共同体促进中老民心相通建设。

三 扩大人文交流,以互学互鉴的命运共同体促进中老民心相通

把加强和扩大中老人文交流与合作、搭建更多交流合作平台作

为推进中老全面合作的重要措施、作为增进中老两国民众对命运共同体共识的重要渠道、作为中老民心相通建设的重要路径。继续发挥老挝作为东盟国家获中国政府奖学金来华留学生数量最多的优势，在注重生源质量的基础上继续扩大招生规模，加大对中老双方进修访学、留学的支持力度，加强中老人员之间的短期培训和合作研究。联合举办展览、演出、民俗、节庆、民族体育、文化巡演、边民联欢等活动，深化中老双方文化产业合作。以"中老旅游年"等为载体，大力推进中老双边旅游合作，建设中老跨境旅游合作区和边境旅游试验区，提升中老旅游签证便利化水平，鼓励更多民众到对方国家去走一走、看一看，夯实两国关系的民意基础。强化老挝国立大学、老挝琅勃拉邦苏发努冯大学等孔子学院的建设，增加汉语培训教学点，开展各层次职业教育合作办学，实施"云南—老挝职校强强合作计划"，解决双边语言障碍，推动中老职教人员流动、能力建设，服务中老重大项目建设和经济贸易投资项目实施，助力民众在中老经济走廊等建设中获得更加实惠的利益。

第五节　促进中越民心相通的对策与建议

一　密切交往，强化宏观战略对接

立足中越实际，坚持登高望远，站在战略和全局的高度，按照"高标准、惠民生、可持续"目标，通过多种形式"常走动、多沟通"，加强往来、密切交往，强化中国"一带一路"与越南"两廊一圈"等发展战略的宏观对接和微观落实，推进陆海新通道与澜湄合作建设的融通融合，做到互促互鉴、共同提升。进一步强化中越两国从中央到地方、从官方到民间等层面的合作机制对接，注重中国云南、广西与越南广宁的地方发展对接与合作，丰富中越双方"官与官、商与商、民与民"等各个层次的互动交流，坚持用好高层互访、地方互动、民间互促等形式，全面对接越南标准，积极对标国际标准，强化政策沟通协调，丰富两国合作内涵，充分调动民间资源，激活和运用中越民间组织的力量，切实解决两国民心相通建设中存在和新产生的问题，务实推动中越双方重点合作事项落实落细，稳步推动打造"中越命运共同体"，助力中越民心相通建设不断向前发展。

二 转变观念，注重传播形象改善

改变单向式灌输式的"单边"交流模式，坚持平等互利、共同发展，强化观念转变，夯实思想基础，切实尊重越南民族自尊心和当地文化习惯，增强中越双方文化了解，强化中越双方文化认同，实现中越人民间的守望相助、命运与共。发挥机构职能，建立专门机构统筹宣传、教育、监管等内外联工作，利用、引导好工会组织，广泛开展社会交流，从事公益事业。强化非传统安全合作，遵循平等互利原则，在制度与实践方面形成良性循环，树立合作典范。发挥企业作用，引导中国企业注重履行好社会责任，强化劳动技能培训，提升劳动就业能力，充分发挥越南当地人力资源作用，特别是在民族地区要想方设法留住少数民族人才。用好青年载体，扩大以青年为主力军的人文交流，努力加深越南青年对华友好认知，提升彼此的认知度、好感度。破除语言障碍，持续推进联合培养高端人才计划，在越南培养更多汉语人才、汉语爱好者，在中国培养更多越语人才、越语爱好者，促进中越两国民心相通。用好智库平台，强化中越智库联合研究，就双方关切的问题积极开展探讨、努力寻求共识。用好文化作品，共同合作创作、翻译一批符合中越国情的电影、电视剧等优秀文艺作品。用好新媒体平台，强化中越官方媒体、传统媒体、新媒体等融合发展，建立中越新媒体之间的沟通对话机制，引导中越媒体更好地站在对方受众的视角，满足彼此受众需求，讲好"中越故事"，为中越友好合作及民心相通创造良好的舆论环境。

三 提升实效，加强人文交流合作

注重质量、提升实效，扩大教育、科技、文化、卫生、体育、人力资源、青年等领域交流与合作的力度和深度，打造一批中越人文交流合作的标杆项目。深入落实中越两国领导人共同签署的《中越教育交流协议》《中越文化协定执行计划》《关于文化产业合作的谅解备忘录》等文件，推进中越人文交流不断走深走实。充分发挥中国—东盟教育博览会等机制和平台的作用，利用留学服务、论坛、会展等载体，构建中越政府、社会、学校、家庭、个体积极参与的教育合作长效机制。继续通过红河流域大学校长论坛、中越边境联谊活动、中越青年友好会见、人民论坛、研究机构和专家学者间友好交流等形式，丰富中越两国交流渠道，增进中越两国民众间的相互理解和友谊。加强河内大学孔子学院等建设，继续组织开展专家讲座、书法交流、中文歌曲比赛、中国影视欣赏、中越友好音乐会、文艺晚会、插花大赛、美食比赛等丰富多彩的活动，拉近中越两国民众的距离。加大中越科研合作力度，鼓励高校、科研机构、企业集团间的科研合作，深入推进中国与越南双边的科研合作和科研成果转化，发挥数字技术的优势，共建"中越数字丝绸之路"，扩大"数字福利"、缩小"数字鸿沟"，让中越人民共享数字技术和数字经济的发展成果。强化卫生合作，聚焦卫生援建及医疗服务供给，以区域内的传染病防控为主，重点关注中越边境地区的传染病联防、联控。强化跨境旅游合作管理，扩大中越双方商务、学习、旅游等交流规模，壮大中越双方人员往来，增进中越双方相互了解，促进中越民众民心相通，使中越友谊代代相传。

第六节　促进中缅民心相通的对策与建议

一　创造性介入，高位统筹中缅民心相通建设

针对缅甸国内政治局势、民族宗教交织、缅北民族冲突等问题，高位统筹，创造性介入，发挥建设性作用，以积极、主动、灵活的对策，发挥自身优势和影响力，搭建平台与桥梁的作用，积极斡旋缅甸相关各方坦诚沟通，劝和促谈，化解纠纷与矛盾。在此基础上，为中缅关系把舵定向，稳步推进中缅合作和民心相通，推动中缅关系在战略层面的发展，稳步实现中缅全面战略合作伙伴关系的更大发展。在国家层面，建立健全职能机构、明确职责职能，建立中缅经济走廊建设或者负责中缅双边合作的专门领导协调机构，强化统筹协调，高位推动中缅两国、国内国外相关部门和省区的协同配合，全面对接中缅两国发展战略和宏观政策。在舆论引导方面，要借助传统媒体与新兴媒体的优势，积极拓展与缅甸媒体的交往与合作，联合开展新闻传播人才培养，加强中缅影视作品的互译及进出口，强化"中缅命运共同体"话语建构和形象构建，积极传播应对中缅现实问题和共同挑战为目标的全球价值观，有力促进澜湄合作、中缅合作相关项目的落地。

二　需求性导向，务实对接中缅区域融合发展

紧密围绕中缅双方的共同利益需求，努力实现中缅双方优势互补，突出澜湄合作和中缅合作的惠民性，切实满足缅甸民众对发展经济、改善民生的期盼，促使缅甸能够共享中国的发展机遇，助力缅甸各地实现更加均衡、更加充分和更加优质的高质量发展，以发展成果来夯实中缅民心相通建设的民心民意。在地方及区域合作的层面，强化中缅双方中央和地方政府的政策沟通，务实对接中缅区

域融合发展,结合中国—东盟自贸区建设、澜湄合作五大优先领域等,撬动中缅经济走廊建设、国际陆海贸易新通道建设等,努力构建中缅命运共同体、利益共同体、责任共同体。在中缅旅游合作方面,围绕后疫情时代的旅游新业态和新特点、新要求,建议中缅双方互设旅游办事机构,积极推进跨境旅游,提升中缅旅游便利化水平,依托中缅双方的文化遗产、文化多样性、生物多样性等资源和特点,加大旅游资源宣传力度,促进中缅旅游资源和信息共享,共同培育和开发、优化精品旅游路线,形成中缅大旅游圈,以中缅双边旅游来促进中缅人民交流、增进中缅人民情感、加深中缅人民友谊。在医疗合作方面,建立中缅医疗卫生领域的交流与合作机制,加强入境检疫等方面的合作,持续开展"先心病儿童救治""光明行"等民生活动,完善重大疫情或其他紧急事故应急响应机制,携手共同改善双边医疗条件设施,促进医疗卫生技术水平提升,夯实民心互信根基。

三 全方位合作,持续深化中缅人文交流交往

持续深化中缅双边全方位、多层次、立体化的务实合作,大力推动教育、科技、文化、卫生、体育等中缅人文交流交往,大力实施防灾减灾、防洪灌溉、供水供电等小而实的民生惠民项目,大力开展现代农业、智慧旅游、跨境经济与边境贸易等接地气的民生福祉合作。在文化交流方面,可以发挥缅甸佛教文化优势特色,深化中缅佛教文化交往,增进中缅佛教文化交流与文明互鉴。在教育合作方面,建议高位推动签署《中缅教育合作计划》,设立中缅经济走廊建设专项奖学金,引导更多缅甸学生到中国学习语言、法律、文化、经贸、卫生、艺术等课程,鼓励更多中国学生到缅甸学习攻读学位;双边互设促进教育合作的办事机构,常态化举办中缅文化周、中缅教育合作交流周等活动,促进中缅师生互访、互派与交

流、交往；整合中缅教育资源，强化双边人才培养，强化孔子课堂建设，积极争取与缅甸政府协商设立孔子学院，助力中缅文化交流、传承与保护，助推双边文化产业可持续健康发展。在民间交往方面，注重与缅甸非政府组织、智库和媒体的沟通与互动，切实提升中缅民间群体在澜湄合作和中缅合作中的参与感与认同感、获得感与幸福感。在体育合作方面，建立常态化体育赛事机制，联合开展体育运动培训，强化武术、太极等体育＋语言的复合型人才培养力度。在文艺交流方面，打造"中缅文化艺术节"，强化舞蹈、歌曲、戏曲、杂技等精品项目编排和打造，通过项目化、具体化的方式，促进中缅文艺交流项目化、具体化、长期化，形成示范效应和品牌效应，切实增进中缅两国民众的相互了解，提升中缅两国民众的相互认知度。

第八章

基于"教科文卫体"层面的澜湄民心相通实践路径与案例探析

第一节 推动云南沿边地区构建高质量教育体系,助力澜湄民心相通

云南省地处祖国西南边陲,发展"国门"教育,对构建云南沿边高质量教育体系具有重要意义。边境兴则边疆稳,边民富则边防固,做好新时代强边固防工作,是为国守边、为民尽责的重大政治责任,是主动服务和融入新发展格局、建设中国面向南亚东南亚辐射中心的重要支撑,是推进边疆民族地区治理体系和治理能力现代化、维护边疆长期繁荣稳定长治久安的关键之举。云南沿边地区因其特殊的地理位置、复杂的文化环境和特殊的国防意义,给教育的发展提出了新要求。本案例以构建云南沿边高质量教育体系为例,建议以沿边高质量教育体系提升云南沿边开放水平和固边守边能力,促进澜湄民心相通。

一 推动教育资源更精准地向沿边地区倾斜

(一)加快发展沿边地区学前教育

加大对沿边一线农村学前教育的支持力度,实施"一村一幼"

"一乡一公办"工程。加快推进学前教育普及攻坚和均衡、普惠发展。学前教育三年行动计划向沿边地区倾斜，填补行政村幼儿园空白，实现"一村一幼"全覆盖。健全沿边地区学前教育资助制度，保障沿边农村家庭幼儿接受学前教育。

（二）科学布局沿边地区义务教育学校

根据沿边跨境地区的实际情况，按照保障义务教育学生就近入学的原则，加强沿边村寨学校布局调整，合理规划设置沿边地区义务教育学校，实施义务教育学校标准化建设工程，全面改善和提升沿边地区义务教育薄弱学校的基本办学条件，保留抵边自然村小学教学点，加强乡镇寄宿制学校建设。

（三）统筹兼顾沿边地区普通高中和职业教育发展

加快普及沿边地区高中阶段教育，每一个沿边县建设一所示范高中或特色高中。落实普通高中国家助学金政策，对在读的高中家庭经济困难学生给予生活补助。率先从建档立卡的家庭经济困难学生探索实施普通高中免除学杂费用。重视发展职业教育，统筹兼顾普通高中与职业教育的协调发展，努力培养更多沿边地区需要的实用型、应用型、技术型技能人才。

二 采取多元举措加强教师队伍建设

（一）定向培养沿边地区学校教师，重点增加教育硕士和教育博士的招生规模

在万名校长培训和骨干教师培训中，增加沿边地区学校名额。改革创新沿边地区教师培养机制，尝试师范院校定向培养机制，在帮助沿边家庭实现就业脱贫的基础上，确保为沿边地区培养一支"下得去""留得住""干得好"的师资队伍。建议多措并举，强化投入，切实扩大和增加沿边和边境地区教育硕士、博士的招生规模，对师范院校研究生的推免指标予以省级统筹支持，确保沿边县

每个学校每个学科不少于 1 个名额。

（二）健全沿边地区支教机制，鼓励师资的流动性补充

实施城区学校结对帮扶，加大智慧教室援建力度，通过智慧教育等载体，实现优质教育资源的共享。建议完善新招聘教师到沿边村学校支教的政策文件，重点解决沿边地区学校音乐、体育、美术及心理健康教育等学科缺乏问题。城区中小学教师在评聘中高级职称和评先评优时，同等条件下优先考虑有在沿边村学校任教经历的申报者。推进高校与高中联合建立师范生实习基地建设，鼓励云南省师范院校派出学科教师、研究生和本科生深入高中支教、实习，其中，师范生到沿边地区学校教育实践不得少于 1 个学期。

（三）提高沿边地区的教师待遇，培训支持非师范专业学生毕业后流向沿边地区学校

严格执行偏远山区教师的津补贴政策，倡导待遇留人。严格落实评先评优和绩效工资分配向农村学校专任教师倾斜的政策。鼓励和支持优秀的非师范生转向沿边地区学校任教的就业选择，切实加强沿边一线教育师资队伍建设。

云南发展最大的短板在教育，最大的希望也在教育，努力让每个沿边地区的孩子都能享有公平而有质量的教育，意义重大，影响深远。我们要切实肩负起为国守边的重大政治责任，瞄准重点，定向施策，精准指导，打通沿边地区孩子通过学习改变个人和家庭命运的广阔通道，为把祖国西南边疆建设得更加稳固安全奠定坚实基础。

第二节　辐射中心建设背景下推动云南华文教育可持续发展

华文教育是中国开展周边外交工作的重要组成部分，作为中国

第五大侨乡，云南与老挝、越南、缅甸三国接壤，毗邻多个南亚东南亚国家，开展华文教育工作拥有地缘、亲缘、人缘的优势。在云南主动服务和融入"一带一路"建设、澜湄合作的进程中，总结经验、分析问题，推动云南华文教育可持续发展，具有十分重要而特殊的战略意义。为此，本案例以辐射中心建设背景下云南华文教育可持续发展为例，探讨提出推动云南华文教育可持续发展，促进澜湄民心相通的对策与建议。

一 云南华文教育可持续发展面临的挑战

（一）地缘政治因素带来对华文教育的抵触

南亚东南亚地区的地缘位置具有一定的复杂性，域外的某些国家和地区之间的利益存在多重性、交织性，各国在历史文化传统、社会政治制度、价值观等方面也存在着一定的差异，为云南华文教育的可持续、高质量发展带来了挑战。

（二）华文教育项目、职业、产业动力不足

中国情结是华文教育的情感基础，但仅以情感维系不足于支撑云南华文教育的可持续发展。目前，云南华文教育还一定程度上存在学生职业导向不明、项目合作较少、产业融合不强等问题，致使云南华文教育的吸引力、竞争力有待进一步提升。

（三）学习人群行业、学情差异大，教学针对性不强

东南亚、南亚等大量华人在云南都有分布，从目前云南华文教育中的汉语教学的实际情况来看，由于师资队伍、教学保障条件等因素的影响，尚无法对来自不同国家、不同行业以及不同起点的华裔学生进行分流教学，同一个教学班级中，可能存在汉语零起点的学生，也可能存在有一定汉语基础，甚至是汉语基础较好的学生；可能有来自于汉语文化圈的学生，也有可能有来自于非汉语文化圈的学生，这在一定程度上会出现教学针对性不强的情况。

（四）华文教育资源整合力度不够

当前，云南华文教育主要集中在高等教育领域，针对不同年龄层次、不同学习目的和学习动机的学生，需要进一步整合资源，吸引职业教育、基础教育、培训行业等参与华文教育，形成华文教育与孔子学院（孔子课堂）、国际学院等其他中华语言文化机构的教育合力。

二 推动云南华文教育可持续发展，促进澜湄民心相通的对策与建议

（一）尊重政策，合理设计教材内容

积极应对地缘政治复杂性和敏感性等因素产生的相关问题，在面向周边国家开展华文教育时提前做好相关评估，在加大华文教材向周边国家发送力度的同时，充分尊重周边国家法规政策，做好华文教育教材的选用与设计，在满足教学需求的同时，避免落地国的文化安全限制和心理抵触。

（二）整合资源，推动教育基地建设

华文教育基地是华文教育功能的有效依托和有力补充，应发挥云南省起步早、区位优等优势，积极创造条件，解决华文教育项目合作少、产业融合不强等问题，注入社会力量盘活华文教育，整合国门学校、华文教育基地等优质教育资源参与华文教育，加快建设面向南亚东南亚的华文教育中心，切实提升云南华文教育的吸引力、影响力和竞争力。

（三）注重实效，加大师资培养力度

结合学习人群行业、学情差异大，教学针对性不强的问题，进一步加强华文教师培训工程建设，提升华文教师的汉语教学、课堂管理能力，优化教学目的、方式、内容，为提高华文教育教学质量奠定坚实基础。同时，注重华文教育师资对外派送工作，强化内外

协调，积极协调推荐华文教育师资到华校任教。

（四）强化互动，持续开展文化交流

积极鼓励华裔学生到云南学习，大力开展寻根之旅等特色文化交流活动，积极开拓海外华文教育方式，努力满足华裔青少年学习中文和传承中华文化的需求，强化民间沟通和双边互动交流，汇聚官民的合力、海内外的合力、新老华侨的合力与住在国的合力，进一步促进双边相互了解，增进对华认知，增强海外青少年对祖籍国的认同感和自豪感，形成云南华文教育可持续发展的良好格局。

第三节　全周期管理加强来滇留学服务，促进澜湄民心相通

习近平主席2020年5月17日给巴基斯坦留学生回信，希望来华留学生多与中国青年交流，鼓励中外学生深化友谊，携手为促进民心相通、推动构建人类命运共同体贡献力量。云南作为中国面向南亚东南亚和环印度洋地区开放前沿和大通道，是南亚东南亚学生来华留学重要目的地，新时代背景下加强来滇留学服务促进民心相通，是深入学习贯彻习近平总书记考察云南重要讲话精神、认真落实习近平主席访缅成果的迫切需要。本案例以全周期管理加强来滇留学服务促进民心相通为例，尝试探讨做好来华留学服务，促进澜湄民心相通的对策与建议。

一　来滇留学服务的现状

据统计，目前在滇留学生中的85%来自南亚东南亚国家，他们是助力"一带一路"民心相通、讲好"一带一路"故事的友好使者，是云南面向澜湄流域政策方针的"显示器"，也是文化交

流的"助推器"、合作成果的"扩音器"。自新冠疫情发生以来,云南省高度重视、密切关注在滇留学生学习工作生活各方面情况,迅速形成了各级联动、各部门协同的危机处理机制。具体措施如下。

(一)畅通信息

省外办结合区位特点以及与周边国家交往频繁的实际,发挥翻译人才资源优势,通过网站和微信公众号每天以汉、英、柬、老、缅、泰、越7种语言发布云南省疫情动态,内容包括最新疫情信息、防控措施、政策通告、防控进展和防控知识等。此外,还录制了疫情防控外语微视频,通过网站、新媒体和电视广泛传播,帮助在滇留学生了解疫情防控知识,更好地做好自我防护。

(二)协同联动

省外办及州市县外事部门与文旅、交通、教育、卫生医疗机构等部门协同联动、形成合力,通过跨境联防联控机制、织密边控防护网络等方式对涉外疫情联防联控,结合实际帮助滞滇留学生解决签证延期、交通协调等实际困难。

(三)网格管理

摸清底数、动态掌握在滇外籍人士数量及分布,实行网格化管理,采取分片包干、全覆盖登记排查等方式,全面掌握在滇外籍人士疫情基本情况,及时提供防疫救助和安置服务。

(四)分类施策

重点部署招收外籍学生所在学校的新冠疫情防控工作,结合实际做好分类管理工作。随着各高校逐渐恢复正常教学秩序,对来滇留学生均采取线上教学的方式与国内师生"隔屏相见",通过学校大量全面细致的工作,帮助留学生们克服时差、地域、技术、基础网络等问题,建立"网络课程资源+直播教学平台+微信群+课前课后作业"授课模式,实现了"停课不停教,停课不停学"。

二 来滇留学服务存在的主要问题

全球疫情形势严峻，包括高校在内的云南留学服务部门和机构一手抓疫情防控，一手抓复学筹备，原有的来滇留服务工作节奏被打乱，面临诸多新挑战。

（一）在疫情应对方面，各阶段出现了不同问题

疫情突发阶段，在滇留学生管理、师生延迟返校等各项预案密集制定和发布实施，信息不充分不平衡等导致方案衔接时有不顺。疫情发展阶段，信息共享程度低的问题较为明显，疫情防控责任重大，留学相关部门和机构为了做到零差错，不能忽视任何一个环节和细节，反复调查、核对数据，难免造成统计工作的重复冗余，造成宝贵的人力物力资源使用不当、利用不足。

（二）留学生的在滇生活受到不同程度影响

部分留学生滞留学校，虽然各学校根据统一的工作机制，结合实际制定了具体的留学生应急管理方案，但调查显示，与新冠疫情前相比，留学生的生活、交际等都受到一定的影响。疫情防控中严格的自我隔离、程序复杂的每日上报、多方面行为受限等，客观上给身处异国他乡的留学生增加了紧张、恐惧和焦虑，甚至出现了情绪崩溃的极端个案。

（三）原有的留学服务管理体系受到考验

常态化的新冠疫情防控，给来华留学生的教育教学、招生就业等带来了压力和挑战。受新冠疫情影响，如果无法集中进行来华留学生的线下教学，在精准做好疫情防控工作的同时，如何克服留学生所在国的时差等问题，稳步推进线上教学，强化留学生学习的积极性和参与度、保证教学进度效果，让境外留学生安心高效学习，是教育机构面临的全新难题和挑战。留学生不能与国内学生一并返

校参加学习，特别是即将毕业的留学生，返校求职、办理离校手续等都受到影响。各国留学生了解抗疫信息的渠道不一、对于中国抗疫故事的理解和认同程度不一，尤其在疫情初期，不少国家从中国撤侨，一度对来华留学生的心态和其未来的期待造成较大冲击，甚至对中国产生一些负面情绪，随着国际形势的复杂演化，如何因势利导讲好中国故事、彰显云南留学教育优势、做好来滇留学的招生宣传亟待破题。

三 以全周期管理加强来滇留学服务促进民心相通的对策建议

2020年3月，习近平总书记在湖北省武汉市视察时强调，要树立"全周期管理"意识，这对新冠疫情背景下强化来滇留学服务工作，以及今后云南省留学管理体系的提升具有重要的指导意义。来华留学生的教育管理工作有其自身的周期和规律，留学生的毕业直接影响着就业，招生工作不能如期开展可能导致疫情结束后的长期损失，来滇留学服务"全周期管理"有必要立足现状、针对问题、整体布局，分步骤有重点地展开。

（一）制度建设全周期——优化防控制度，顺畅机制连接，升级管理体系，用管理服务的"温度"让在滇留学生"放心"

1. 建档立卡，联防联控

为每位在滇留学生建卡立档，做好台账登记，每日按时上报工作动态及监测排查情况。对来滇留学生入境管理和疫情防控的周期有全面把握，实现境外、境内，事前、事后全过程管理，强化留学生"个人入境—隔离—检测—回归课堂"小周期的科学有序管理。

2. 优化来滇留学生疫情数据报送系统

连通云南省各级外事办、文旅、交通、教育、各级医疗卫生机构，建立来滇留学生疫情数据共享的信息平台，减少重复调查报送，切实做到精准防控、最优防控，依托平台在不同功能的部门系统之间建立高效顺畅的协作配合机制。

3. 升级教育机构留学服务管理体系

各教育机构可独自成立留学生疫情防控工作领导小组办公室，依据校本情况制定来华留学生防控工作规定，同时建立并完善统一的数据接口，与共享数据大平台无缝连接。围绕"保供给、稳情绪、搭桥梁、重联动、解难题、传信息"，升级疫情防控为主的在滇留学生事务管理体系。明确属地教育行政主管单位、卫生及疾病预防控制中心、新型冠状病毒肺炎救治定点医院、社区、学校等单位的主体责任，24小时不断线不断联，通过责任人电话、微信等联系方式建立逐级多方机构相互间通畅的沟通机制。开展老师学生"1+N"结对帮扶，实现学校与留学生之间一对一或多对一的信息传递与反馈。进一步优化疫情宣传教育流程，制定"来滇留学生新冠肺炎防控指南"，高校可通过国际处负责编辑并发布外文的疫情进展及宣传资料，各学院负责传达给每一名留学生，同时加强舆论引导，引导留学生不信谣、不传谣，科学防控、依法防控，环环相扣做好宣传教育工作。

（二）内涵提升全周期——提升留学品质，加强内涵建设，扩大留学收益，用线上教学的"厚度"让境外留学生"安心"

1. 分组分时教学，提升教学效果

贯彻"停课不停教、停课不停学"要求，充分考虑境外留学生所在国时差的不同，将班级学生按照时差分成多组，分时段教学，有效提升学生学习积极性和参与度；确保教师与授课班级留学生全部建立一对一联系，强化在线学习过程和多元考核评价的质量要求、成绩认定，保证疫情防控期间的教学进度和教学效果。

2. 丰富教学资源，保障教学质量

充分利用慕课和优质在线课程教学资源，针对境外留学生实

际，满足多样化语言要求，精选双语课程进行在线教育。充分考虑境外留学生所在国网络条件的差异，尝试多种多样的线上教学模式，同时配合语音讲解、视频直播、在线答疑、资源分享等多样的教学手段，丰富留学生学习资料，保障教学质量。

3. 线上审核认定，优化毕业管理

结合疫情防控需要，充分运用数字技术手段，通过线上毕业审核和认定等工作，服务留学生，探索网络化、无接触的在线开学典礼、线上毕业典礼、远程毕业答辩等，尝试构建疫情防控常态化背景下来华留学的远程培养新业态和新模式，不断适应社会发展和时代要求，丰富来华留学教育的内涵和外延。

（三）服务管理全周期——注重管理"温度"，强化服务意识，体现人文关怀

1. 多渠道关注留学生利益诉求

引导留学生积极配合防控安排，主动参与管理，助力各项管理事务精准安排、精确部署。强化后勤服务保障，为在滇留学生做好环境消杀、提供生活便利。针对留学生特点，创新心理建设，加强心理疏导、涵养健康心理。丰富文化生活，定期开展"五个一"活动（微信一句问候、宿舍一次谈心、身体一次关怀、健康一个礼包、讲好一个故事），通过活动交流增进人文关怀。成立留学生志愿服务队，身担服务与被服务双重职能，留学生志愿者能够成为更好的防控规则践行者、诉求信息沟通者以及中国精神传播者。

2. 做好来华留学生思想引导

把留学生生命安全和身体健康放在第一位，使每一个服务环节成为留学生思想教育主阵地，将中国故事融入留学生在滇学习生活的每一天。积极用好思想政治教育资源、强化思想政治教育课堂，加强来华留学生辅导员、来华留学生管理员的队伍建设，通过线上、线下、集体、个人等载体，立体展示全面、真实的中国，切实

做好来华留学生的思想引导,实现来华留学生的思想认同。

(四)招生宣传全周期——拓展招生渠道,创新留学品牌,增强来滇吸引力,用招生宣传的"力度"让来滇留学生"有信心"

1. 整合资源,打造来滇留学整体品牌

随着全球疫情形势的变化,中国的留学教育优势将会得到彰显。应充分利用有利时机,探讨从云南省层面统筹运作,改变教育机构各自为战的局面,促进优势互补,整合教育优势,提供政策支持,打造来滇留学整体品牌,进一步凸显留学云南的独特优势。

2. 扩展线上线下来滇留学生招生渠道

克服疫情影响,线上线下双推进招生宣传,线上受理咨询,强化信息公开,及时介绍中国抗疫措施与成果、宣传云南防控举措和对留学生的关怀,坚定来滇留学生的申请信心;线下依托孔子学院、孔子课堂、校友会等平台,加强重点时段、重点地区、重点人群的招生推介;对因疫情影响无法如期入学的来滇留学生,认真开展细致耐心解释,为其延期入学做好准备。

3. 创新国内国外来滇留学生培养模式

积极开辟"项目班"等新招生模式,在降低开班成本与保证生源质量的基础上,按国籍或专业单独开班;充分共享云南省高校国内国外交流合作成果,签署国际学生交流、交换协议;主动出击,充分利用"丝绸之路"中国政府奖学金项目等各类奖学金单独项目申请,扩大来滇留学生招生规模。

习近平总书记2020年新年首访缅甸时强调:"构建人类命运共同体,首先从周边做起,坚持睦邻安邻富邻。"① 在滇留学生85%来自南亚东南亚国家,在新冠疫情背景下,围绕"三度三心",从

---

① 郝薇薇、霍小光:《中缅共命运 胞波情谊长》,《人民日报》2020年1月22日第1版。

管理、培养、招收三个方面抓住来滇留学生工作的关键点，强化来滇留学服务、助力澜湄民心相通，既是发挥留学生民心相通作用，讲好中国故事，打造人类命运共同体的具体实践，也是今后云南参与国家推进共建"一带一路"教育行动、建设面向南亚东南亚教育辐射中心的点睛之笔。

第四节　加强中缅文化交流，助力澜湄民心相通

习近平总书记强调："构建人类命运共同体，首先从周边做起，坚持睦邻安邻富邻。"① 2020年1月17日，习近平主席赴邻邦缅甸开启2020年的首次出访，这也是他担任国家主席以来第四次把新年首访国选在了亚洲。实践证明，构建澜湄合作机制、促进澜湄民心相通，是推动澜湄命运共同体建设的具体实践和重要举措。2020年6月8日，是中缅建交70周年纪念日，站在中缅建交70周年新起点，为认真落实习近平主席访缅成果、深入贯彻习近平总书记考察云南重要讲话精神，推动《云南省加快推进面向南亚东南亚辐射中心建设15个实施方案任务落实2020年工作指南》落实落细，本案例以云南加强中缅文化交流为例，尝试探讨加强澜湄文化交流，助力澜湄民心相通的对策与建议。

一　以教育为支点加强中缅文化交流助力澜湄民心相通

社会的发展关键靠人才，根本在教育。云南的教育辐射澜湄流域具有地缘、人缘的优势，2019年，缅甸赴云南高校就读学生达5990人，近8000名缅甸小小留学生在云南学校学习。建议进一步

---

① 习近平：《习近平谈治国理政》，外文出版社2014年版，第296页。

加强云南面向南亚东南亚区域教育辐射中心建设。

（一）立足云南"请进来"

通过举办"云南教育展"、设立"云南教育办事处"、扩大"云南省政府招收周边国家留学生奖学金"名额、举办"滇缅教育合作论坛"、开设"语言预科班"、加强管理和提高教学质量、拓展就业岗位共享发展机遇等措施，接收更多中国政府奖学金学生，打造面向缅甸的留学生教育目的地、华文教育中心、职业教育培训基地。

（二）顺应民心"走出去"

加强汉语国际教育推广活动，拓展"汉语+"职教等模式，打造"中国—缅甸旅游人才教育培训基地"，加强对缅甸的汉语教学，加强汉语国际推广和国际人才培养基地建设，加强孔子学院、孔子课堂建设，有力推动汉语进入缅甸中小学正规教育体系。

二 以文化为纽带推进中缅文化交流助力澜湄民心相通

民心的相通关键靠交流，根本在文化。在文化交流中，讲好中国故事是简而易行、行之有效的方法。文化交流项目形式上的"小而精"足以构成"人类命运共同体"这个大理念的落脚点，项目虽小却更能"润物细无声"地推动民心相通。建议进一步加强云南面向南亚东南亚区域文化辐射中心建设，并结合实际开展系列特色文化活动。

（一）发行滇缅旅游纪念封

借助艺术家手中的画笔，通过异彩纷呈的美术作品，设计具有独特价值的纪念封，讲述滇缅胞波美好故事，架起了滇缅文化交流的金桥，以和合共生理念实现民相亲、心相通、情相怡。

（二）开展公益活动《我和你》

地理空间等因素会影响国与国、人与人之间面对面的交往，却无法阻断中缅胞波心与心真诚交流的渴望。2020年5月20日晚，习近平主席同缅甸总统温敏通电话，值此背景下，《我和你》通过视频的方式，讲述中缅胞波同舟共济、共同抗疫的故事，守望相助、催人泪下的友情，助力两国边境联防联控机制，统筹维护边境和平安宁、疫情防控和复工复产。

（三）推广《共饮一江水 共续胞波情》纪录片

纪录片通过镜头语音展示了中缅两国的自然风光、社会生活和友好传统，展示智慧而勤劳的两国人民的传统友谊，建议加强协调，力争通过央视、学习强国、"五个一工程"等平台和载体，加强纪录片的宣传和推广，在"一带一路"建设中续写"胞波"友谊新画卷。

（四）举办滇缅融媒体峰会

发挥数字云南优势，强化滇缅双边融媒体的深入合作与广泛交流，以滇缅融媒体峰会、论坛等系列活动，架起滇缅媒体合作之桥、信息互通之桥、民心相通之桥，让滇缅融媒体峰会在具体实践中服务好中缅合作及交往，成为中缅友好政策的"显示器"、噪音杂音的"过滤嘴"，以及深度合作的"助推剂"、合作成效的"扩音器"，为讲好中缅胞波故事、延续中缅胞波情谊贡献力量、搭建桥梁。

（五）用好仰光中国文化中心

充分利用中国政府在缅派驻的官方文化机构和国家级文化展示平台，开展"云南文化周""云南电影周""云南艺术节""云南美食节""云南商品展""非遗文化展"等文化交流活动，举办汉语、书法、绘画、音乐（葫芦丝）、舞蹈、剪纸、面塑、茶艺、陶艺等教学培训课程，力争《舞乐传奇》《茉莉花》《小河淌水》《雀之灵》等精品驻场演出。

缅甸作为中国近邻，加强中缅文化交流，助力澜湄民心相通，将有利于打造良好周边环境，为决胜全面建成小康社会、造福澜湄流域人民奠定坚实的民心基础。云南应坚持"三个定位"，充分发挥区位、人文、资源等优势，以构建中缅命运共同体为遵循，密切滇缅人文交流，扩大滇缅教育合作，在新时代为续写千年胞波情谊做出新贡献。

第五节　加强中缅边境小康村文化建设促进澜湄民心相通

国之交在于民相亲，民相亲在于心相通，作为生活在边境地区的特殊群体，边民之间的友好往来是不断促进澜湄民心相通的最有效途径。要有效发挥边民的地位和功能，需要切实改善边境地区的生产生活条件，避免边境空虚化。建设边境小康村，是有效充实边民人口、切实保障边民权益、充分发挥边民功能的具体措施。本案例围绕中缅边境小康村的文化建设入手，探析以中缅边境小康村文化建设助力民心相通的实践路径。

2020年是中缅建交70周年，2020年1月17—19日，国家主席习近平新年首访选择了拥有千年胞波情谊的邻邦缅甸，考察了云南边城腾冲，踏访了著名侨乡和顺，为中缅关系长远发展奠定了更加坚实的社会民意基础，有力地推动了构建人类命运共同体理念在周边落地生根。文化是民族的血脉，在中缅边境小康村建设中加强文化建设，事关边疆民族地区的文化安全、民族团结，事关中缅人民的文化交流、胞波情谊，是沿边地区巩固提升脱贫攻坚成果和全面建成小康社会的现实要求，是加强澜沧江—湄公河流域民心相通建设的现实需要。贯彻落实好习近平主席访缅成果，充分发挥云南沿边开放区位优势，以中缅边境小康村文化建设助力中缅民心相通，主动服务和融入国家发展战略，具有重大的历史意义和紧迫的现实意义。

一 民心相通视域下中缅边境小康村文化建设的现状

习近平总书记强调:"治国必治边。"① 云南作为边疆民族大省,肩负着守土固边的重任,云南省2020年在25个边境县(市)投入3亿元,着力打造30个边境小康示范村。本书选取涉及中缅边境的德宏瑞丽姐相乡顺哈村委会银井村(傣族)、保山猴桥社区国门新村(傈僳族)、临沧沧源勐董镇刀董村(佤族)开展调研和走访,向基层干部、村民代表等发放问卷236份,回收有效问卷227份,有效率96.19%。

在受访人群方面,20岁以下和50岁以上所占比重较多,分别为22.91%和41.85%;20—50岁之间的人数较少,占比不到50%,说明3个村庄不同程度存在青壮年大量外出务工,"空巢老人""留守儿童"数量增多的现象。在受教育程度方面,高中以下文化程度的人群最多,占62.55%;大学以上文化程度人群最少,占8.81%,说明3个村庄不同程度存在人才外出和流失的现象,导致常住人口存在受教育程度偏低的现象。

在边境小康村文化建设方面,88.55%的人群认为在边境小康村建设中应同步加强文化建设,其中,德宏瑞丽姐相乡顺哈村委会银井村应强化傣族文化,保山猴桥社区国门新村应强化傈僳族文化,临沧沧源勐董镇刀董村应强化佤族文化;92.95%的人群对于文化需求较为迫切,认为应该通过文化建设助力中缅跨境民族民心相通;66.96%的人群了解本村配置的文化设施,36.12%的人群认为,当前的文化建设力度跟不上时代发展,需要进一步加强。

在文化设施使用方面,一周使用1次文化设施的占31.28%,

---

① 沈虹冰等:《心手相牵,共筑雪域高原中国梦》,《人民日报》2021年8月19日第1版。

一周使用3次以上的占10.57%。在人均每次停留文化设施场所时长方面，大多数人停留0.5—1小时，占66.96%，2小时以上的人数较少，占22.46%，还有10.58%的受访人群表示从未去过。同时，基层干部使用文化设施的频次明显高于普通群众。

在中缅边境小康村文化建设存在的问题方面，80.17%的受访人群认为文化建设的资金投入不足，57.26%的受访人群认为文化专业人才匮乏，44.93%的受访人群认为村民缺少文化参与意识，46.25%的受访人群认为文化特色不够突出，70.48%的受访人群认为文化活动开展无序，67.84%的受访人群认为文化交流渠道单一，说明不同受访群体对于中缅边境小康村文化建设的立场和观点，因个体差异存在不同。

在加强中缅边境小康村文化建设的对策方面，88.54%的受访人群认为应该加大文化建设的资金投入，85.9%受访人群认为应该优化教育文化资源配置，81.5%的受访人群认为应该加强中缅文化交流，86.78%的受访人群认为应该注重跨境民族文化的传承，46.25%的受访人群认为应该打造边境小康村的文化品牌。说明中缅边境小康村在硬件硬条件建设的同时，应该注重加强和打造文化软实力，在文化阵地建设中强化"软件"建设，切实提升跨境地区的公共文化服务水平，实现以文化润民心、以文化促民心的效果。

二 民心相通视域下中缅边境小康村文化建设的问题分析

（一）民族文化专业人才待充实

中缅边境小康村具有一定的区位优势、拥有良好的资源条件，因为其"边"，所以造就了其独特的民族民俗风情、深厚的民间文化资源、独特的自然风光条件，在"边"言"边"，就地"取材"发挥优势，传承弘扬民族文化等方面都大有可为。但是，从调研可以看出，受条件、经费等因素制约，中缅边境小康村对于文化专业人才的吸引度不高，现有文化专业人员的素质相对较低，业务技能不强，一定程度上存在文化队伍年龄老化、面临人才断层危机、公共文化服务队伍建设后劲不足等问题。在一些公共文化设施后期的维护和管理当中，缺乏固定工作人员，无法保证文化设施的正常使用，使得一些文化设施的知晓度不够、利用率不高、作用发挥不明显，部分边境村寨中的少数民族非物质文化遗产、习俗、节庆、民俗等，都因为失去了传承的主体而面临着难以继续弘扬和传承的风险。

(二) 群众文化参与意识待加强

随着中缅边境小康村的建设，中缅跨境沿边地区少数民族群众的生活水平越来越高，对精神文化方面的追求和关注程度也逐渐提升。在此背景下，就中缅边境小康村的民族文化活动而言，其作为社会主义精神文明的重要组成部分，在促进中缅民心相通、维护社会和谐、提高审美情趣、陶冶艺术情操等方面具有重要作用。然而，从实际情况来看，虽然民族文化活动受重视，但也存在群众文化参与意识不强、积极性不高等问题，部分村民往往习惯于独来独往、自娱自乐，难以传承原有的热闹民族文化集体活动氛围。

(三) 民族文化传承发扬待强化

中缅边境地区受资源有限、发展程度偏低、就业机会较少等因素的影响，民间交往主要集中于边境两侧的跨境地区，以中缅双方的边民跨境流动为主，其对外交往的时间和空间局限性都比较大，一定程度上形成了封闭、半封闭的状态，不利于民族文化的传承"扩大"与发扬"放大"。另外，随着社会的发展，不仅加速了边境村寨与外面的联系，也加速了边境村寨青年人才的外流，一定程度上让民族传统文化赖以生存的土壤也随之发生了潜移默化的变化。这些内外因素的交织，致使边境村寨的少数民族传统文化出现了抉择与扬弃的变化。

（四）民族群体文化活动待提升

中缅边境地区和边境村寨普遍具有山区、民族等特点，其特殊的环境决定了其民族群体文化活动的特点，在此背景下，中缅边境小康村需要进一步建立健全村寨文化生活的相关规范和制度，通过加强群众文化活动，强化边境小康村少数民族村寨文化建设的社会教育导向功能，有效挖掘少数民族原生态文化中的教育引导功能，通过加强宣传、强化培训、开展活动等途径，丰富民族群体文化活动，提升跨境边民的思想素养、文化素养和艺术素养。

（五）跨境文化交流渠道待拓展

调研发现，当前中缅跨境民族地区的文化交融共生与发展，存在双边的文化管理体制不对接，跨国机制作用展现不充分；跨境民族地区教育水平低，国际合作人才严重不足；老龄化、劳工荒、缅甸难民及"三非人员"困扰跨境民族地区；缅甸国内民族宗教问题外溢，区域内外恐怖主义势力联结紧密等问题。在此背景下，需要进一步拓展跨境文化交流渠道，重视与缅甸的开发战略对接，提升工作联络机制的高度、广度与深度，重视宗教因素的力量，增强国家层面的统筹考虑，从国家层面制定双边文化交流与合作的总体规划。

三 民心相通视阈下加强中缅边境小康村文化建设的对策

（一）以"一村一场"（文化广场）建阵地

文化广场是中缅边境小康村的窗口和形象，是沿边群众精神文化的体现。在中缅边境小康村文化建设中，建议充分尊重和保护中缅跨境民族的民俗文化，重视中缅边境地区的文化阵地建设，做到以"文"化人，着力提升边境地区的公共文化建设能力和服务水平，打造集文化宣传、文艺演出、休闲娱乐、强身健体等功能为一体的边境小康村文化广场，在提升中缅边境小康村的"颜值"与

"内涵"的同时，激发沿边群众参与文化活动的热情，满足沿边群众日益增长的文化需求，让沿边群众在家门口就能享受乡村文化发展的成果。

（二）以"一村一室"（民族文化室）搭平台

中缅两国都有多姿多彩的民族文化，人民生活习俗相近、文化相通，有得天独厚的地缘、人缘、佛缘和文缘优势。鉴于中缅边境地区特殊的地理位置，为避免外来不良文化的影响、境外宗教势力的渗透，建议在中缅边境小康村建设中以民族文化室建设为平台，传承和弘扬优秀民族传统文化，在强化软硬件条件保障的同时，通过日常的、形式多样、丰富多彩、富有教育意义的民族文化活动，打造千里边疆民族文化长廊，积极传承和弘扬边境少数民族优秀传统文化，在平台建设中切实促进边疆民族团结，为深化中缅胞波情谊提供坚实支撑。

（三）以"一村一校"（中文学校）创载体

教育无国界，大爱无亲疏。作为全国第一所边防小学，瑞丽银井边防小学"上学出国，放学回国"已经成为中缅边境线上的独特景观和靓丽风景线，被评为"全国民族团结进步创建活动示范单位"。在中缅边境小康村建设中，建议推广银井边防小学"一村一校一站（边境检查站）"的成功模式，通过中缅边境小康村"一村一校"创载体，扎实开展文化教育惠民活动，以"同一个世界，同一个学堂"打造和谐的中缅边境文化，在优化教育资源配置的同时，有效加深中缅青少年彼此间的文化认同。

（四）以"一村一品"（文化品牌）强支撑

全球化与文化经济一体化使地方文化品牌的价值逐渐凸显出来，文化品牌建设有助于增强中缅边境小康村的核心竞争力，建议依托现有中缅跨境民族文化资源，因势利导，利用中缅跨境少数民族群众文艺的深厚沃土，以中缅胞波文化和云南边疆少数民族传统文化为主线，分类整合中缅边境小康村自主形成的民间文艺团体，坚持"政府主导、群众自愿"的原则，通过开展中缅边境小康村文化品牌创建活动，努力打造一批特色文艺团体、发展一批特色演出队伍、培育一批优秀农村文化人才，形成"一村一品"特色文化品牌。

（五）以"一村一景"（文化景观）显特色

文化景观是中缅边境小康村在历史长河中逐渐积累起来的精神财富，是人类遗产和中缅边境小康村可持续发展的重要组成部分。文化景观能够在传承民族文化、弘扬民族精神，凝聚乡情、行不言之教等方面发挥不可估量的作用。建议在中缅边境小康村建设中，凸显特色、彰显优势，遵循"人无我有、人有我特"的原则，打造中缅边境小康村的"一村一景"（文化景观），让中缅边境小康村焕发深厚的文化魅力。

总而言之，文化是窗口，是软实力的体现。随着"一带一路""澜湄合作""孟中缅印走廊"的深入推进，加强中缅边境小康村建设，特别是中缅边境小康村的文化建设，助力中缅民心相通，将有利于打造良好周边环境，为中国在决胜全面建成小康社会的基础上，奋力实现"两个一百年"奋斗目标奠定坚实的基础。立足实际，构建人类命运共同体事业应始于周边国家，在中缅边境小康村建设中，应充分发挥区位、人文、资源等优势，以构建中缅命运共同体为遵循，密切跨境民族文化交流，在新时代为续写千年胞波情谊做出新贡献。

第六节　加强云南省与周边国家公共卫生合作促进澜湄民心相通

公共卫生合作是跨越国界的公益事业，新冠疫情背景下，探寻加强澜湄国家公共卫生合作的对策，可谓国家有期盼、人民有需求，是营造良好澜湄流域安全卫生环境的现实需要，是推动澜湄流域健康可持续发展的现实要求，是建设澜湄卫生健康共同体的迫切需要。本案例以云南省与周边国家公共卫生合作为例，旨在以小见大，以澜湄国家公共卫生合作助推澜湄民心相通。

2020年9月13日，云南省瑞丽市发生新冠疫情境外输入病例，云南8个边境州（市）、25个边境县（市）进入防疫战时状态。如何守住云南4060千米边境线，加强云南与周边国家公共卫生合作，努力形成更加有效的多边机制、更加积极的区域合作，构建澜湄卫生健康共同体，具有十分重要且紧迫的现实意义。

一　加强政策沟通，健全澜湄公共卫生合作机制

作为唯一设有澜湄合作地方协调机构的省份，理应发挥排头兵作用，强化合作机制建设，优先将公共卫生建设相关内容纳入地方"十四五"规划，充分发挥滇缅双边合作机制、中国云南—老挝北部合作工作组等已有机制功能，围绕澜湄合作"3+5+X合作框架"，以新冠疫情防控为契机，夯实区域公共卫生安全合作机制，高位推动，争取在云南设立澜湄流域公共卫生安全合作中心，力推澜湄六国在国家、地方、边境沿线三个层级，强化公共卫生合作机制的衔接与落实，努力将澜湄合作打造成公共卫生防疫合作机制的国际示范区。

二　注重信息互通，加强澜湄公共卫生联合处置

加强云南省25个边境县与周边国家的信息互通、经验交流，加快国门疾控中心建设，提升疾病控制体系的预防控制能力、医疗卫生应急备灾救灾能力和物资储备能力。根据澜沧江—湄公河流域有

关国家的现实需求，强化联动，支持互派短期医疗队伍和短期卫生防疫队伍，以便能够及时为相关国家提供紧急的医疗卫生援助，实现"一方有难六国互援"，各尽己能，提供力所能及的防护和救治物资。在持续做好原有传染病联合检查监测哨点的基础上，注重顶层设计，强化网格管理，统筹协调将澜湄边境区域实行网格划分，加强传染病的早期预警合作，坚决把疾病控制在萌芽状态。在新冠疫情常态防控背景下，在澜湄流域交界区域配备移动或设立固定检测点，形成网格化的防控体系，提高传染病防控快速响应能力。

三 促进产业融通，注重澜湄公共卫生产业发展

发挥澜湄国家野生植物资源和传统药材资源丰富的优势，促进澜湄流域公共卫生产业的发展。以云南省为例，生物医药和大健康产业作为云南八大重点产业之首，建议发挥云南生物多样性的优势，大力发展以民族药、天然药物为重点的中药材种植和加工产业，联合澜湄流域沿线国家，联合打造万亿级健康服务业。进一步加强与周边国家合作，帮助开发当地资源、产品，保护整理南亚东南亚传统药材资源，提升种植技术，积极拓展跨境联合种植，促进云南省医药健康产品成为辐射南亚东南亚的主力产品，实现互惠互利、共同发展。

四 强化技术联通，发展澜湄公共卫生智慧医疗

发挥数字技术优势，大力开展对内对外合作，大力发展澜湄公共卫生智慧医疗。以云南省为例，可以结合数字云南建设，扩大"滇医通"的宣传运用，借助"互联网＋"、大数据等现代信息技术手段，推进远程智慧诊疗、线上问诊、线上看病等。强化协同、联动、创新，以医疗卫生市场内涵建设、信息化建设、国际化发展等为重点和突破口，合作推进云南与澜湄五国间基层医疗机构建

设，建立云南与澜湄五国医疗机构间"一对一""多对一"的合作交流机制，尝试建立澜湄国家跨境远程医疗会诊协作服务机制，让优质医疗卫生资源更多惠及普通基层人民群众。

五 推进民心相通，构建澜湄公共卫生合作长效机制

持续构建澜湄公共卫生合作的长效机制，发挥南亚东南亚医学教育和医疗卫生联盟的功能和优势，加强医疗联合体建设以及中医教育培训中心建设，强化澜沧江—湄公河流域国家之间医疗卫生领域专门人才的联合培养，共同开展形式多样、长短期有机结合的进修、访学，共同实施医疗卫生人才的培训、培养项目，鼓励高等医学院校、相关学术和科研机构、民间医疗团体等之间的广泛合作与交流，联合开展教学、科研等活动，联合共建实习实践基地等，切实帮助澜湄流域国家提高公共卫生管理和疾病防控能力。发挥原有机制作用，继续组织实施好"中医针灸进澜湄"活动，传承弘扬民族民间中医药；继续组织实施好"澜湄热带病防控行"活动，共建医疗卫生命运共同体；继续组织实施好"本草惠澜湄"等品牌项目，让更多民众受益。提升以治疗先心病为代表的"爱心行"、治疗白内障为代表的"光明行"等精品项目，推进澜沧江—湄公河区域跨境传染病联防联控项目、中国东盟"10+1"中老医疗卫生服务合作体建设项目、澜沧江—湄公河传统医药学术交流及中医药适宜技术培训项目、中缅越老边境地区传染病跨境传播联防联控及联合应急处置等一系列项目，以公共卫生合作为梁，有力地促进澜湄民心相通高质量、可持续建设。

第七节　发展民族民间中医药，促进澜湄民心相通

健康是最大的民心。梳理古丝绸之路的历史可以发现，民族民间中医药长期以来都是古丝绸之路沿线相关国家交流与合作的内容之一。传承与发展民族民间中医药，既是澜沧江—湄公河流域民众共享共建医疗卫生资源的现实需要，也是增进澜沧江—湄公河流域民心相通的黏合剂。实践证明，民族民间中医药在应对新发疾病、防治慢性病以及一些重大疾病中，发挥了不可或缺的作用，特别是在抗击新冠疫情的人民战争中，民族民间中医药广泛参与，发挥了前所未有的积极作用，成为"中国抗疫方案"显著特色和重要组成部分，并让其他国家的民众也获益匪浅。在全国新冠疫情防控步入常态化、云南多个边境地区防疫进入战时状态之际，探讨以民族民间中医药传承与发展促进澜湄民心相通，具有十分重要且紧迫的现实意义。本案例尝试提出传承与发展民族民间中医药，促进澜湄民心相通的对策与建议。

一　澜湄六国民族民间中医药传承与发展的优势

（一）澜湄六国民族民间中医药交流和贸易历史悠久

根据历史记载，中国与澜沧江—湄公河流域国家间的民族民间中医药交流可以追溯至2000多年前的秦汉时期，后来持续推进、加深和扩大，至今交流与往来仍然十分频繁，这些交流与互鉴使澜沧江—湄公河流域国家各方都能互利共赢，不仅促进了澜沧江—湄公河流域国家间的经济与文化往来，还巩固和增强了澜沧江—湄公河流域各国的世代友谊与情感。

(二) 澜湄流域生物资源丰富

澜沧江—湄公河流域生物多样性特征明显、资源丰富，集中了热带、高寒地带的生物资源数万种，据不完全统计，澜沧江—湄公河流域的野生果树的种类数量位居世界第一，其中，仅澜沧江段流域就拥有4000余种具有药用价值的高等植物。随着人类社会经济的高速发展，生态文明建设越来越受重视，全世界已经悄然兴起了崇尚自然、回归自然的"生态风"，人类也日益更加重视健康，受此影响，天然药物的应用也日益受到广泛追捧，药用生物资源丰富的澜沧江—湄公河流域自然也就成为各国天然药物和民族民间医药传承与研究的热点地区。

(三) 澜湄六国地缘相近、医药文化相通，药材资源、市场互补性强

澜沧江—湄公河流域受地理、气候等影响，流域沿线的居民饮食结构、生活方式等都有相似甚至是相同之处，正因如此，澜沧江—湄公河流域沿线的部分疾病也具有普遍性和相似性。对澜沧江—湄公河流域的相关疾病具有确切疗效，而且治疗成本低廉的民族民间中医药，被民间广泛采用、被沿线民众广泛接受和认可，具有广阔的市场发展空间。长期以来，澜沧江—湄公河流域各国间在药材资源、生产设备、工艺及市场等方面都具有极为突出的互补性。

二　澜湄六国民族民间中医药传承与发展存在的问题

(一) 澜湄流域生物资源种类、数量呈下降趋势

由于澜湄各国对民族民间中医药传统药材的需求日益增加，叠加自然灾害、人为破坏等多重因素的影响，澜沧江—湄公河流域的生物生存环境亟需改善和保护，以避免当前出现的流域沿线民族民间中医药种类和数量下降的趋势，特别是针对一些龙血竭、越南人

参等珍稀野生药材，更需要进一步保护和利用。

（二）澜湄六国民族民间中医药质量标准、药材质量参差不齐，一定程度上制约了医药交流、贸易开展和产业壮大

当前，澜沧江—湄公河流域的各个国家均有自己的国内药品质量标准，出现了同一品种的民族民间中医药在澜沧江—湄公河流域各国标准不一的情况。由于质量控制缺乏统一技术及标准，致使药品不能在澜湄各国进出口常态化，比如：缅甸的假荜茇、老挝的鸡蛋花等药材都因为质量标准的不一而不能进口到中国，只能以跨境边贸或者边民互市的方式开展交易和流通，没有形成系统的澜湄区域民族医药的产业经济规模。

（三）澜湄六国民族民间中医药的研发、推广与应用有待加强，技术和资源的优势互补与共享仍有空间

澜湄各国民族民间中医药教育匮乏，存在医疗类的高等院校不多、医疗卫生基础研究机构力量不强、民族民间中医药的研发投入较少、医疗类的大品牌大企业特别是具有跨境影响力的医药品牌比较少、传统医药科技成果转化能力较弱、民族民间中医药的推广与应用有待加强等等现实问题，这些都成为澜沧江—湄公河流域民族民间中医药健康可持续高质量发展的主要障碍。

三　以民族民间中医药传承与发展促进澜湄民心相通的对策

（一）强化澜湄流域生物资源保护及可持续利用

把民族民间中医药传承与发展纳入"十四五"发展规划，建立澜湄国家民族药资源数据库及信息共享平台和民族药种质资源库，推广中国科学院西双版纳热带植物园在老挝建立龙血竭种植基地的做法，强化濒危和珍稀传统药物种质资源保护。加强对澜湄流域药用生物资源的现状调查，强化对澜湄流域药用生物资源的种质资源收集，重视澜湄流域珍稀濒危药用生物资源的选育，切实推动澜湄

流域少数民族医药资源调查、保护、整理和发掘全覆盖,建设优质的中药材和健康产品种植基地,多措并举,鼓励发展多样化、高质量、精品化的澜湄流域民族民间中医药健康产品,打造集医、养、康等为一体的澜湄流域大健康产业体系。

(二)推进民族民间中医药认证认可体系建设

在澜湄合作机制下,加强公共卫生医疗流域的合作,积极推动民族民间传统医药相关质量标准的联合开发与制定,稳步推进民族民间传统医药澜湄认证与认可体系的建设,打造澜沧江—湄公河流域传统中医药的竞争力和影响力,助推澜沧江—湄公河流域传统中医药走出澜湄、走向世界。建立中医药与传统医药国际标准化交流途径,为传统药物的相互认证、推广使用提供技术保障,促进民族民间中医药成果转化。同时,加强澜沧江—湄公河流域传统中医药的知识产权和核心技术保护,把好质量关、打好品质牌,切实保障澜沧江—湄公河流域民众用药安全、身体健康。

(三)合力推动传统医药技术和资源的优势互补与共享

根据澜沧江—湄公河流域传统中医药及民族医药的特点,开展有针对性的中医药医疗、教育、科研及产业等领域的合作与交流。充分重视澜湄国家活跃的企业、社会组织等的作用,广泛动员社会力量,稳步建构立足澜湄、面向世界的全方位、多层次、宽领域的对外合作机制。加快推进民族民间医药交流,构建人文交流新窗口,建立澜湄民族民间中医药文化交流与产业合作论坛,对阻碍和困扰澜湄合作的各种问题展开研究和探讨,通过组建澜湄民族民间中医药专家咨询委员会、智库等,凝聚多方力量与智慧,为澜湄民族民间中医药发展提供智力支持和解决方案。组建澜湄民族民间中医药种植产业联盟,促进产业规模化种植与发展,联通民族医药产业的上、中、下游各环节,形成以点带面的示范和辐射效应。积极申办澜湄国家中医药孔子学院,支持澜湄各国开展中医药高等教育，为澜湄国家来华中医药留学生提供便利，予以政策优惠和政策支持，与澜湄国家的华文学校或汉语培训机构开展联合培养项目，努力建立一批研发、成果转化、贸易合作的大平台，实现澜沧江—湄公河流域传统医药技术的优势互补与资源共享。

(四) 大力推进民族民间中医药走出去

围绕云南重点发展的生物医药与大健康产业，强化政府引导、注重市场运作、尊重企业主体，激发彰显"政府+市场"的双促进、双推动的活力，积极扶持、扶植民族民间中医药企业做大、做强，积极鼓励民族民间中医药企业"走出去""强起来"，充分用好、用活国内大循环、国内国际双循环的两个市场主体和两种资源配置，坚持多边主义，强化多边合作，建立境内境外联动互动的生产、经营和服务体系与网络，带动医疗设备、中成药和中药材出口。建立澜湄国家传统医药宣传展示平台，考虑澜湄各国消费群体的实际需求，研究开发适合澜湄各国消费者需求的民族民间中医药，提升生物医药领域的创新水平。通过会展、多元化营销、远程诊疗、改进中药店服务等形式增加澜湄各国对民族民间中医药的可知性、可信性和可及性，积极拓展新的中医药消费群体。在积极推动民族民间中医药产业规模化、科技化、智慧化的发展中，大力开发民族医药新兴特色生物产品，坚持为民解忧、为民解难，让民族民间中医药"取之于民、用之于民"，在便利地服务澜湄国家民众身心健康的同时，成为澜湄民心相通的重要桥梁和纽带。

第九章

基于"旅游交流"层面的澜湄民心相通实践路径与案例探析

第一节 加快云南乡村旅游高质量发展，促进澜湄民心相通

云南是农业大省、民族大省，有着丰富的乡村旅游资源和独特的民族风情，乡村旅游发展有基础、有空间、有潜力，在推进中国式现代化的云南实践中，发现乡村价值，提升乡村价值，促进乡村振兴和旅游业高质量发展具有得天独厚的条件。在促进澜湄民心相通的实践中，如何盘活用好云南省独特多样的自然、人文、历史等优势资源，推动乡村旅游发展模式创新、产品升级、服务优化，促进农文旅深度融合发展，意义重大。本案例围绕云南乡村旅游高质量发展，建议从资源挖掘、农旅融合、基础和服务三个方面下功夫，为乡村旅游增添内涵、丰富业态、提升品质，加快打造乡村旅游升级版，全面激活乡村旅游高质量发展新动能，把乡村旅游打造成促进澜湄民心相通的新引擎。

一 云南乡村旅游发展现状与机遇

近年来，云南乡村旅游发展速度较快，取得了一定的成效，探

索出一些有益经验，迎来重要的发展窗口机遇期。

（一）乡村旅游发展资源独特

云南地处祖国西南边陲，具有良好的区位条件、独特的地理环境以及典型的立体气候，悠久的历史和众多的民族聚居，孕育了丰富的自然资源，造就了绚丽多彩的历史文化和五彩斑斓的民族风情。在"一山分四季，十里不同俗"的红土高原上，生活着26个民族，其中25个少数民族中的15个民族为云南所特有。云南是中国少数民族种类最多、特有少数民族最多、跨境民族最多的省份，众多不同的民族和多姿多彩的民族风情构成了云南民族文化的多样性和丰富性。依托独特的旅游资源优势，旅游业一直是云南经济发展的重要支撑。云南省委、省政府高度重视发展乡村旅游，大力实施"以旅促农、农旅结合"发展战略，深入推进乡村旅游高质量发展，全省乡村旅游呈现点状发展、以点带面、精准扶贫、整体联动的特征，培育了一批生态美、环境美、人文美的乡村旅游目的地，打造了一批有特色、有内涵、有品位的乡村旅游精品线路，带动了一大批贫困群众发展乡村旅游、共享乡村旅游成果。

（二）乡村旅游发展取得明显成效

云南省坚持典型引路法，开展乡村旅游示范创建活动，总结成功经验，发布典型案例，引导乡村旅游适应人民群众多样化、多层次需求，推动乡村旅游品牌化、特色化发展。云南有708个村落入选中国传统村落名录，占全国传统村落总数的10.4%；共创建全国乡村旅游重点村43个、全国乡村旅游重点镇3个，推出省级旅游名村213个、旅游名镇101个，形成了乡村民宿带动型、民俗文化依托型、景区发展辐射型、生态资源依托型、田园观光休闲型、旅游扶贫成长型等多种乡村旅游发展模式，成为可借鉴、可复制的乡村旅游发展典型经验。"十三五"期间，云南省乡村旅游接待游客

11.65亿人次，实现乡村旅游总收入8600亿元，①累计带动80.85万人增收脱贫，占全省脱贫人口的12.3%。

（三）乡村旅游迎来发展窗口机遇期

2023年"中央一号文件"就全面推进乡村振兴工作重点进行了部署，明确要"实施文化产业赋能乡村振兴计划和乡村休闲旅游精品工程，推动乡村民宿提质升级，推动乡村产业高质量发展，拓宽农民增收致富渠道，扎实推进宜居宜业和美乡村建设"。为新阶段云南乡村旅游发展、全面推进乡村振兴指明了方向。随着国家高位推动乡村振兴战略深入实施，以及相关政策的推进落实，在"乙类乙管"常态化疫情防控阶段，云南乡村旅游将迎来发展窗口机遇期。

二 云南乡村旅游发展存在的问题

云南乡村旅游发展从质量上看，存在模式单一、文化内涵不丰富、融合发展滞后、缺乏地域特色、服务跟不上等问题，与国内乡村旅游发达地区相比还有差距。

（一）文化价值开发与乡村旅游融合不够

从现有乡村旅游内容来看，多以餐饮、传统建筑游览等为主，发展同质化突出，乡村旅游低水平重复建设严重，尚未真正展现和充分挖掘云南各民族自己的文化和特色，在彰显文化底蕴、展示地方区域特色等方面，还有进一步发力和提升的空间，应该把不同民族的历史、风俗、文化作为吸引游客旅行的招牌，增强游客想来、想留下来、想再来的动力。

（二）农业产业发展与乡村旅游融合不够

全省普遍存在传统农业乡镇结构类型单一、产业链延伸不足、

---

① 崔红茶：《释放资源突出特色推进乡村旅游发展》，《社会主义论坛》2022年第3期。

基础与公共服务设施建设滞后、农产品附加值低、农作物种植和初加工收益占比过高等问题，传统农业乡镇在旅游产业实施过程中缺乏系统规划，大融合、大互动的产业发展观念还未形成，乡村旅游"绿色"底色不鲜明，缺少以先进理念推动旅游经济发展的特色农业项目，未能很好地利用打造世界一流"绿色能源牌""绿色食品牌""健康生活目的地"的有利条件。

（三）旅游资源挖掘与乡村旅游宣传不够

乡村旅游资源的潜力和价值没有被完全挖掘和释放，包装、宣传、推广、深度开发的力度不够，呈现出有资源、少名气，有需求、少运营，有产品、少亮点，有市场、少业态的困境。总体而言，全省乡村旅游发展不平衡，社会经济条件较好、旅游业开展较早的地区，如大理、西双版纳等州（市），乡村旅游发展模式较多、类型较全，社区、政府、企业等参与较多、驱动带动力较强；反之，其他大部分州（市）乡村旅游发展的层次较低、类型较少、驱动带动力较弱。

三 加快云南乡村旅游高质量发展促进澜湄民心相通的建议

从过去的发展来看，发展乡村旅游，是脱贫攻坚的重要手段。面向未来，云南乡村旅游将成为一种新的产业形态、一股新的发展动能、一个中国式乡村建设现代化的新样本。有必要抢抓机遇，发现、开发和提升乡村价值，推动云南乡村旅游高质量发展，助力澜湄民心相通。

（一）挖掘地方特色文化资源，增添乡村旅游内涵

建设乡村旅游文化村落。鼓励历史文化名镇名村、传统村落、民族村寨等发展乡村旅游，建立乡村旅游重点村名录。立足地方资源，鼓励各地自成特色，有效利用农业遗迹、传统建筑及非物质文化遗产等，培育一批农民画村、剪纸村、传统民俗表演村、手工艺

制作村等"非遗"村落,依托历史文化生态资源,打造一批画家村、摄影村、影视村。

培育最美乡愁旅游精品。围绕"一环、两带、六中心"的发展布局,充分挖掘各地乡愁元素符号,重点建设10条"云南最美乡愁旅游带"、50条"云南地域特色乡村旅游精品线路"、100个"云南最美乡愁旅游地",传承乡村文化,留住乡愁记忆,努力打造叫得响的"云南乡愁"旅游形象品牌。

打造乡村旅游文化"活舞台"。以文促旅,以旅彰文,依托传统民俗文化氛围,建立乡村文化站、乡村文化博物馆,将历史文化编排成节目展演、故事讲演等形式提供给游客,将旅游元素、文化创意与乡村发展有机结合,建立网络文学创作基地,定期组织作家、画家、文艺工作者、非遗传承人等在乡村旅游点展演和传技,以深层次、立体式的文化内容吸引游客、留住游客,提升云南乡村旅游的休闲性与参与性。

(二)探索农旅融合新模式,丰富乡村旅游业态

开发休闲农业"边境游""周末游"等市场。推进乡村旅游与城市休闲有机对接,依托农村麦田、花海、茶山、果林等资源,大力开发"城里人游乡村"、"周边省区来滇游边境"市场和产品,设计精致化、时间短、品质高的周末乡村旅游线路产品和营销主题,编制"边境休闲观光""周末休闲农业"旅游手册和旅游指南,为城镇居民周末外出休闲度假创造便利条件。

打造农旅融合示范标杆。不断挖掘农业多种功能和多重价值,建设一批综合性、示范性的休闲农业园区、农业公园、休闲农庄,培育一批美丽休闲乡村和休闲星级示范企业。依托特色农业资源发展观光休闲农业旅游,开发田园采摘、科普教育、农事体验、乡村亲子游、乡村研学游等农旅融合项目,在农业产业链某一环节赋予旅游功能,打造农业生产、景观、文化、生态与旅游产业"吃、

住、行、游、购、娱"融合示范点。

创新农旅融合经营管理模式。引导农户以土地承包经营权、闲置房屋、劳动力等入股旅游企业和乡村旅游合作社，激活农民主体、乡村资源、社会力量等多方动能。探索创新民宿业态，培育推广共享农庄、共享民宿等经营模式，以"合作社+企业"、村民自办、社会资本介入等形式，盘活农村闲置房屋发展乡村旅游民宿，努力为农民创造更多就业机会和增收渠道。

（三）强化基础和服务能力建设，提升乡村旅游品质

实施乡村旅游数字赋能行动。抓住"云南数字乡村试点"的有利契机，以数字技术赋能乡村旅游，推进线上支付、人工智能等技术与乡村旅游深度融合，以"一部手机游云南"为载体，整合当地"吃、住、行、游、购、娱"六方面的资源，以"互联网+"全面推动云南乡村智慧旅游发展，激发乡村旅游消费潜力，改善游客体验内容和体验质量。

打通边境旅游"最后一公里"。推进边境旅游基础设施建设，加快完善边境旅游美丽公路、景区专用道路、通达边境旅游重点村道路建设，打通全省涉及边境旅游景区（村）的"最后一公里"，统筹布局边境旅游生态停车场，解决边境旅游停车难等问题。

拓展乡村旅游消费场景。支持乡村旅游重点村在临近的景区景点、高速公路服务区、主要交通干道旅客集散点等设立旅游商品销售专区，开办旅游商品网店，开展旅游商品线上线下一体化销售，扩大乡村旅游消费服务。策划举办乡村旅游节、美食节、采摘节、音乐节等节会活动，吸引游客，聚集人气，让乡村旅游者一站式观光、体验、品鉴、休闲与购物，培育乡村旅游消费新增长点。

做好乡村旅游营销宣传。强化云南乡村旅游整体包装和对外形象宣传，推动云南乡村旅游宣传营销方式创新。启动"滇"字号网红打卡地"乡村生活"类推选活动，借助互联网平台的传播力、影

响力,利用直播、影视剧宣传等手段增加曝光率。推出一批促进生态保护、弘扬传统文化、讲好红色故事、带动农业发展、促进农民增收的乡村旅游典型,推动边境旅游、乡村旅游串点成线、以线带面,形成点线面一体化发展格局。

第二节 提升云南沿边开放水平,促进澜湄民心相通

习近平总书记2020年考察云南时,首站到访与缅甸接壤的腾冲市,既充分体现了云南固边守边、强边固防的战略地位,又充分体现了习近平总书记对加快云南沿边地区经济社会发展,改善沿边地区人民群众生产生活的高度重视。作为中国面向南亚东南亚开放的大通道和桥头堡,对提升云南沿边开放水平和固边守边能力意义重大。本案例以提升云南沿边开放水平和固边守边能力为例,探讨在沿边开放中促进澜湄民心相通的对策。

一 制约云南沿边开放的短板分析

(一)云南沿边地区基础设施相对薄弱

就客观而言,由于历史、地理、自然等方面的原因,云南沿边地区的经济文化发展相对滞后,交通、通信、能源、水利等基础设施相对薄弱,给扩大沿边开放水平和提升固边守边能力带来挑战。目前,临沧、保山、红河、文山、怒江、德宏、普洱等边境地区的基础设施条件都相对薄弱,有进一步加强和改进的现实需要。

(二)跨境民族多且"半开放式"边境特征明显

西南边境云南段拥有4060千米边境线,多民族跨境而居,跨境村寨之间流动频繁。除了自然环境阻隔,以及重要通道、各级各

类口岸以外，西南边境还存在大量的便民通道，当地居民跨境便捷。据不完全统计，中缅边境存在200多个居民点及1000多条民间通道。中越和中老边境也存在类似情况，西南边境"活的边境""半开放式"特征明显。

（三）边境贸易产品结构单一、规模小、出口创汇能力和竞争力偏弱

与全国一些沿边省份相比，云南在对外开放水平、贸易和投资自由化便利化以及贸易强国的支撑体系方面仍然存在着许多不足，阻碍了云南高水平对外开放建设的步伐。同时，越南、老挝和缅甸与云南毗邻，3个国家经济尚处于上升期，一定程度上存在边境贸易产品结构单一、规模小、出口创汇能力和竞争力偏弱的问题。

二 提升云南沿边开放水平促进澜湄民心相通的对策

（一）做好顶层设计，加快推进沿边地区高质量发展

贯彻落实国家、云南省关于推进"一带一路"、辐射中心建设和沿边开发开放的决策部署，通过兴边富民行动，实施好一系列重大工程、落实好一揽子支持政策，围绕"一县一策、一乡一策、一村一策"，发挥集中力量办大事的显著优势，以边境地区特色城镇和现代化边境小康村建设为抓手，以特色优势产业为支撑，促进产城融合，推进绿色发展，促进城镇与乡村协同发展，加快沿边城镇建设，优化边境村发展布局，注重解决制约沿边发展的瓶颈问题，全面提升沿边地区的发展水平；大力改善边境地区交通和信息基础设施，大幅缩短云南沿边地区与国内发达地区（城市）的时空距离，积极培育新增长极，吸引和聚集人口在边境地区生产生活，形成城乡双轮驱动格局，有效提升经济集聚效应，全面提升边境地区密度；积极引导和发挥沿边地区经济社会发展成果外溢的重要平台和云南与周边国家互联互通的重要枢纽功能和作用，增强云南经济

的辐射力与影响力,进一步促进与周边国家的合作发展,培育睦邻友好环境,打造命运共同体。

(二) 发挥沿边优势,加快推进边境地区经济地理重塑

云南沿边地区存在区域经济低密度、远离国内发达地区(城市)两大劣势,但同时拥有区域性国际市场分割相对不明显这一优势,要全面彰显内引外联的区位优势和得天独厚的资源优势,从城乡驱动、东西联动和内外互动多维度重塑经济地理,不断提升边境地区密度、缩短与发达市场的距离、提高区域一体化水平。增强辐射能力,提升出口商品质量,既推进高质量的"引进来",又通过优化出口结构推动高水平"走出去",让云南成为"大循环、双循环"的重要支撑。加快推进西部陆海新通道建设,加快构建云南周边省区及内陆腹地经边境延伸至南亚东南亚的综合运输通道,形成边境地区内畅外通、运行高效的综合交通网。加快边境地区发展大宗货物中转物流、国际配送、跨境电商等现代物流服务业,建设跨境商品深加工及储运基地,减少货物转运、提升货物通关效率,打造面向南亚东南亚的国际物流新体系。加快边境地区布局5G网络新一代信息基础设施,推进智慧口岸、边境智慧城市、智慧安防建设,提升贸易数字化水平,积极探索数字经济高质量发展新模式。

(三) 精准分类施策,加快推进更高水平的对外开放

进一步加强与相关国际通行规则对接,持续深化商品和要素流动性开放,稳步拓展规则、规制、管理、标准等制度性开放。高水平布局、着力打造具有国际先进水平的贸易和投资自由化便利化对外贸易环境,把推进高水平对外开放与云南高质量发展相结合,充分发挥云南在国内国际双循环和面向南亚东南亚辐射中心的贸易显性优势,快速扩大对外贸易规模。针对面向老挝、泰国、越南和缅甸等国的重点口岸进行升级改造,提升口岸的通关效率,提升通关便利化水平,加强多边、双边国际合作,加强国际物流保障,搭建

公共服务平台，推动口岸贸易向着高标准国际贸易方向发展，打造全国最高标准的沿边开放对外贸易制度创新示范口岸；以中老铁路为核心的中国—东盟铁路沿线开发与共同发展的创新示范经济带，为中泰铁路下一步的顺利推进打下基础，为中国与东盟国家创造铁路贸易的新模式创造经验。实施积极政策，严格规范实施负面清单制度，降低市场准入门槛，吸引外资落地云南。加大中小企业融资力度，优化营商环境，加强监管促进企业间公平竞争，资源更合理配置，建设贸易强国的良好的市场环境，努力在实践高水平对外开放和贸易强国建设的工作中创造新的云南发展经验和历史成绩。

第三节　打造中老国际班列品牌，实现"一路多利"促进澜湄民心相通

中共十九届六中全会新闻发布会两次提及中老铁路是习近平总书记亲自批示的"'一带一路'、中老友谊的标志性工程"，开通运营中老铁路是云南建设成为中国面向南亚东南亚辐射中心的关键一步。中老铁路建成通车意义重大，中老国际班列运输里程和运输时间仅相当于公路运输的60%和20%，具有运输时间短、运输风险低、物流效能高等综合优势，为云南对外开放带来新的重大机遇。本案例围绕中老铁路开通和中老国际班列品牌打造，探索实现"一路多利"促进民心相通的对策。

一　中老国际班列推进的基本情况

（一）顶层设计基本完成

2021年10月26日，在中国云南省注册成立了由云投集团牵头，省铁投、昆明局、集装箱公司合资组建的云南省班列服务贸易有限公司（以下简称班列公司），注册资本3亿元人民币。11月29

日，班列公司首次发起人会议顺利召开。班列公司专门负责中老国际班列的运营、班列品牌的打造、班列配套政策的承接和落实。班列公司初期主要以中老跨境物流为主业，为省内外客户做到一站式、一条龙跨境物流运输服务，实现中老班列常态化运行的平台服务功能。后续随着班列公司在中老、中泰、中缅、中越铁路沿线网络节点布局的完善，将进一步推出跨境物流＋贸易、供应链金融、数字化信息平台等增值服务。目前，班列公司已经基本完成顶层设计，正在开展运营前的各项准备工作，包括完善公司法人治理结构、提报补贴资金申请、制定对外服务报价、梳理内部业务流程、整合班列运营计划需求、开展对外营销宣传、组织签订物流合同等。

（二）前期货源基本保证

班列公司计划运营初期的2021年12月每天开行一对货运班列，后续将根据货源情况实时动态调整开行密度。根据目前掌握的货源信息，运营初期的货源主要包括：云天化化肥3列、祥丰化肥1列、玉昆钢铁钢材1列、社会零散果蔬1列、电商百货每周3列、邮政每周7—8柜、建投30万吨钢材、农垦橡胶7列、昆钢铁矿石7列、其他机动货物专列等。

二 中老国际班列可持续发展面临的问题

（一）配套支持待完善

从目前全国的形势看，由于货源组织、班列辐射区域等多种原因，国际班列一般都有空载情况，在运营过程中，需要给予适当扶持和补贴。目前，中老国际班列的补贴政策方向尚未明确，包括补贴力度的大小、省外货源是否纳入补贴范围、回程货源是否需要补贴、补贴统计方式（按吨、按箱或者按列）等都还需要进一步落实。中国与老挝有关铁路运营的相关协定还未签署，国内段及境外段的运价还未确定和公布，一定程度上影响了货源的组织及相关工作的开展。中老铁路出入境的通关便利化政策也需完善，王家营西中心站还不具备海关监管的软硬件条件，一定程度上将影响报关；磨憨口岸海关的相关设施设备还未建设完成，还不能进行水果等活果蔬的班列运输进口；由于海关政策的变化还出现了化肥不能出口等情况。

（二）贸易货源不充足

"一带一路"南线中南半岛相关国家经济体量较小，相关国家总需求量、总供应量短时间内不会取得大幅度增长。2021年上半年，中老贸易额为23亿美元，同比增长48.1%，其中，中国对老出口8.7亿美元，同比增长31.8%；自老进口14.3亿美元，同比增长60.2%。总体来看，中老贸易总需求量呈现逐年递增趋势，但总量仍然比较小，中老铁路沿线地区的产能合作园区和关键节点城市建设乏力，需要进一步加强沿线的基础设施建设，进一步提升沿线的产业产能，进一步培育壮大沿线的市场主体，形成中老铁路与沿线区域的良性互动和相互促进，真正实现"火车一响、黄金万两"的经济效益和社会效益。中老铁路开行初期，由于围绕中老铁路的下游相关产业和规模均没有完全形成，所以，一定程度上会出现运输的货品大多数局限于初级农产品和原材料，存在货值低、品类复杂、效益不高的情况。

三 打造中老国际班列品牌的几点建议

（一）强化顶层设计：联动老方出台班列建设发展规划

1. 争取国家层面出台《中老国际班列建设发展规划》

从中欧班列发展历程看，国际班列在起步的初期，大多数都会面临供需对接不充分、运输成本无优势、通关便利化水平低、配套服务支撑能力不足等问题，需要各方努力，建立健全相关制度，出台系列政策措施，强化规范管理和有序发展。建议中老国际班列参考《中欧班列建设发展规划（2016—2020年）》的模式，由国家推进"一带一路"建设工作领导小组办公室牵头，云南省成立工作专班起草建议稿，由国家发改委或者商务部印发《中老国际班列建设发展规划》，以便统筹兼顾当前和未来、地方和全局、国内与国外、部门与部门等之间的关系，全面部署中老国际班列建设发展任务。

2. 联动老挝方面编制《中老铁路沿线产业经济发展及合作规划》

充分发挥中国云南—老挝北部合作机制作用，基于中老两国共同利益，争取国家有关部委支持，会同老挝牵头组建专家组对中老铁路沿线开展考察调研，充分研究论证，共同编制《中老铁路沿线产业经济发展及合作规划》，落实落细双方签署的《构建中老命运共同体行动计划》。

（二）注重政策支撑：出台系列措施支持中老国际班列

1. 制定好、运用好运费补贴手段

由于货源组织、班列辐射区域等多种原因，国际班列在运营初期需要给予适当扶持和补贴。建议参考国内其他省份对国际班列的补贴方式，以省级财政为主，以全程运费为基准，借鉴"一单到底、两段结算、适时退出"模式，综合考虑空载率、货物种类、密度、价值等因素，科学系统制定中老国际班列货运成本直接补贴政策，建立一套完整的班列考核制度，盘活存量、激发增量，不断探索优化中老国际班列补贴措施，着力优化运输组织，降低全程物流成本。

2. 高位推动争取国家层面政策支持

申请将中老铁路纳入西部陆海新通道大战略，享受西部陆海新通道相应的政策，打通中国内陆经由昆明至老挝等地的西部陆海新通道，进一步发挥昆明作为中老货运班列集货城市和重要物流枢纽的作用；建议加强场站建设，将昆明王家营纳入国家"十四五"规划的口岸管理试点，切实发挥口岸的功能；建议强化场站培育，推动昆明王家营集装箱中心站尽快纳入国际班列集结中心的场站培育对象；建议昆明托管西双版纳磨憨镇，拓展昆明"边境线"，加快与磨憨站的政策衔接和业务对接，打造"仓仓联动、一体通关"的中老铁路高效通关新模式。建议高位推动，将王家营跨境班列枢纽节点列入中欧（中亚）班列枢纽节点建设，并加快赋予其内陆口岸的相关功能，切实支撑中老跨境班列、中越跨境班列和未来中缅方向的跨境班列的稳定、可持续、高质量开行。

3. 完善中老铁路沿线产业配套政策

配合运费补贴政策，加快出台围绕中老国际班列的产能合作、产业转移、基础设施等间接补贴措施，通过提供土地、减免税费等间接方式增加中老国际班列的潜在货源，以综合性政策优惠和运费补贴，推动中老国际班列自主创新发展，提升中老国际班列运营商的经济效益，实现以补贴促物流、以物流促贸易、以贸易促产业、以产业带发展，促进中老铁路沿线城市间产业发展和供应链体系构建的协同，提升云南在中老产业合作中的产业链地位和价值链贡献度，进一步增强云南现代化产业"走出去""引进来"的聚集力和竞争力。

（三）激发市场活力：形成中老国际班列持续发展动能

1. 统筹中老铁路沿线各州市发展定位

抢抓2022年1月1日RCEP生效契机，主动衔接RCEP规则、规制及标准，促进中老铁路沿线昆明、玉溪、普洱、西双版纳等地区的深度开发、差异化发展与持续繁荣。充分发挥中国（云南）自贸试验区昆明片区、滇中新区、昆明经开区、昆明综合保税区等开发开放平台优势，全面提升中铁集装箱昆明中心站的站场能力、设施设备及组织效率，通过零散集结、阶梯班列逐步开行"枢纽对枢纽"的班列，把昆明打造成为辐射国内、面向南亚东南亚的货源组织中心和班列集结中心，实现国内南向货物向昆明聚集、由昆明分发南亚东南亚各国，南亚东南亚各国货物经各条线路聚集昆明、由昆明集合后转发全国。

2. 壮大中老经贸合作市场主体

建议进一步加强滇老在中老两国边境和老挝北部地区基础设施领域的合作，加快中老经济走廊建设，提升该区域的经济发展水平，从根本上增加班列需求。鼓励省内企业"走出去"，赴老投资和经营，培育面向中国和中老合作的市场主体，"以外促内"推动云南的对外经贸发展。全力促进外向型市场主体倍增，面向全国进出口企业精准招商，集聚对老经贸合作产业集群。积极落实中老跨境电商政策措施，保持滇老电商交易规模持续增长。抓住滇老产业合作牛鼻子，将"经济通道"转变为"通道经济"，达到"通道带物流、物流带经贸、经贸带产业"的发展目标，有效激发滇老进出口贸易动力。

（四）加快品牌建设：积极扩大中老国际班列品牌效应

1. 推进中老国际班列品牌化发展

充分发挥云南省国际班列服务贸易公司的省级平台作用，借鉴中欧班列品牌建设的经验，从中老国际班列开行之初就强化品牌意识，做好品牌建设，统一品牌标识、班列命名、品牌使用、品牌宣传、统一协调平台、运营组织，明确服务标准，规范服务体系，避免名称标识不统一、市场运营不规范、各自为战、恶性竞争等问题，形成统一的对外合作声音，统一开展全程优惠价格协商。

2. 强化与国际国内城市协同联动

通过加强中老国际班列品牌建设，鼓励国内外更多从业者参与到中老国际班列发展中、更多的企业了解并运用中老国际班列进行贸易、更多的媒介开始讲好中老国际班列故事、更多的研究者献计中老国际班列，推动"资源整合、竞合共荣"，形成国内一盘棋、全路一张图。主动对标对表向先进学习，积极与周边的重庆、成都、南宁、贵阳等国家物流枢纽承载城市对接学习，做到"请进来、走出去"有机结合，同时，要积极协同云南省内沿线的玉溪研和、西双版纳磨憨等货运场站，联合共同建设城际合作、国际多式联运的信息联网联动平台。以政府引导、国企牵头、广泛联合的方式促进货源聚集，推进跨部门协同共管，通过政府引导国际班列平台加强与省外及老挝重要大型生产制造企业对接，量身定做国际班列物流服务产品。支持工商联积极对接老挝、泰国、柬埔寨等重点城市华商和当地商业组织，强化宣传推介，提升产业和货源保障力，努力提升中老国际班列品牌的国际竞争力和良好商誉度，早日将中老国际班列品牌打造成为国际知名的物流品牌。

调研发现，已有多个省市计划开行中老直达班列，其中成都铁路港直接提出每周从成都到万象开两列的方案，重庆也在密切关注，云南如果不抢抓先机，将可能错失良机，无法在中老铁路沿线形成产业聚集和物流集散，存在成为过境通道的风险，基于此原因，建议多方联动，抢抓中老铁路开通契机，积极谋划布局，及早谋划和打造中老国际班列品牌，努力实现中老铁路"一路多利"、中老国际班列"一列多利"，将中老国际班列打造成为云南经济高质量发展的"新引擎"，为云南外向型经济高质量跨越式发展打牢基础、增添活力，为中老民心相通、澜湄民心相通添砖加瓦。

第四节　加强 RCEP 背景下云南口岸建设，助力澜湄民心相通

云南口岸是连接南亚东南亚大通道的重要节点和对外交往的重

要门户，对推动形成中国面向南亚东南亚辐射中心、开放前沿具有重大战略意义。云南省"十四五"规划明确提出，要以国家级口岸为窗口，构建优势互补、协同发展的高质量开放合作新平台，深度融入新发展格局。鉴于云南省重要的地理位置和战略地位，RCEP背景下加强云南口岸建设、发挥口岸功能、助力民心相通，正当其时。本案例以RCEP背景下加强云南口岸建设为例，在调研的基础上，建议加快边境口岸"六化"建设（口岸+产业化、集群化、专业化、智能化、城市化、总部化），将口岸打造成产业体系更具特色、发展基础更加坚实、营商环境更加优化、开放格局更加完善的沿边开发开放新高地，助力发挥云南比较优势，深度融入新发展格局，促进澜湄民心相通建设。

一　云南口岸建设的现状

云南省毗邻越南、老挝、缅甸3国，有着4060千米的边境线，是典型的口岸大省。目前，云南省共有25个口岸，其中，有18个一类口岸，分别是4个航空口岸、2个水港口岸、1个铁路口岸、11个公路口岸；有7个二类口岸，都是公路口岸。作为中国沿边开放的重要省份，口岸功能的有效发挥，对于云南省的高质量跨越式发展意义重大。数据显示，在"十三五"期间，云南省口岸的出入境人员数量、进出口货值、进出口的货运量、出入境的交通工具等主要指标均保持了快速稳定的增长。云南省依托25个口岸的建设和发展，有力地促进了外向型贸易发展、扩大了外资利用与国际投资规模、切实促进了边境贸易和边民互市的迅速发展，有力凸显了口岸经济的热度和口岸城镇的活力，有力彰显了口岸服务云南开放型经济发展的能力，形成了陆、水、空齐全、全方位开放的立体口岸格局。

二 云南口岸建设存在的问题

(一) 口岸需求与口岸投入存在不平衡性

相对于 4060 千米的边境线,云南只有 19 个陆运口岸,平均 214 千米才有一个口岸,无法满足 RCEP 背景下沿边经济发展的需要。从现实情况和投入产出来看,口岸的吞吐量比较有限,口岸经济欠发达,口岸城市经济总量小,口岸城市功能不完善,经济增长内生动力不足,无法满足规模经济发展的需要,"小流量"不匹配"大口岸"的问题突出,与口岸大省、沿边大省地位极不相称。

(二) 口岸潜力与双边机制存在不协调性

云南沿边有 8 个地州 26 个边境县与 3 个邻国 6 个省(邦) 32 个县(市镇)接壤,边境通道、便道监管难度大,边境口岸管理情况复杂,口岸和城市联动发展不够,开放性经济平台对口岸支撑作用不明显。加之受对方国家与中国的关系、对方的政局以及经济发展阶段等影响,双边口岸城市一些政策未落实或者未完全落实等,导致双边口岸建设目标存在多元化和差异性,影响了口岸的运行发展和潜力挖掘。云南省通过不同层面、不同部门的多边和双边合作机制与周边国家建立了沟通机制,但仍然存在政策沟通通而不畅、沟通效率有待提高的问题。

三 RCEP 背景下加强云南口岸建设的对策

(一) 加强口岸顶层设计,完善相关标准和法律法规

建议以国家口岸"十四五"规划编制为契机,争取云南口岸建设融入国家规划"本子"、项目"篮子"、资金"盘子",加快云南口岸基础设施建设。积极推进《云南省口岸发展"十四五"规划》《云南省口岸通关便利化"十四五"规划》《云南省沿边开放经济带发展规划 (2021—2025 年)》等编制和落实,优化云南省口岸开

放布局。积极协调修订《云南省人民政府关于加强口岸工作推进大通关建设的实施意见》等文件，结合 RCEP 的落实，在统筹规划的基础上，推动双边和多边口岸国际合作交流，完善与周边国家合作机制，建立多层次、经常性、常态化的双（多）边联络协调机制；推进相关制度和机制的改进，尽快完善双边标准和法律法规，研究出台和修订云南口岸管理有关法规和规范性文件。

（二）以陆上边境口岸型国家物流枢纽建设为引领，打造云南沿边物流枢纽发展带

2020 年，东盟历史性地成为中国第一大贸易伙伴，特别是越南超过德国和澳大利亚，成为中国第六大贸易伙伴。加之 RCEP 签署、中老铁路年内竣工通车等利好因素的影响，预计未来陆上边境口岸型国家物流枢纽建设资源将逐步由西北、东北地区向西南地区的中越、中缅、中老陆上边境口岸倾斜，建议云南抢抓机遇，加快申报红河（河口）、德宏（瑞丽）、西双版纳（磨憨）陆上边境口岸型国家物流枢纽建设，带动保山（猴桥）陆上边境口岸型、临沧（清水河）陆上边境口岸型、芒市空港型、腾冲空港型、西双版纳空港型、普洱商贸服务型、德宏商贸服务型省级重点发展物流枢纽以及怒江（片马）陆上边境口岸型、文山（天保）陆上边境口岸型省级培育物流枢纽发展。围绕"国内大循环为主体、国内国际双循环相互促进"，打造辐射区域更广、集聚效应更强、服务功能更优、运行效率更高的云南沿边物流枢纽发展带。

（三）强化口岸通关便利化，形成大通关建设的整体合力

建议在现有基础上再取消和下放一批涉及口岸通关及进出口环节的审批事项，简化必要的审批程序、明确标准，承诺办结时限，全面实施关检合作一次申报、一次查验、一次放行，进一步提升口岸通关便利化水平和口岸通关能力。在口岸营商环境方面，进一步完善大宗商品进出口管理，落实大宗资源性商品"先

放后检"等便利化措施;进一步精简进出口环节监管证件及证明材料;通过"网上核查"等改革措施,大力创新海关的核查核验模式;加快跨境电子商务通关服务平台建设,提升口岸查验智能化水平,力争报关单24小时放行率达100%;加快国际贸易的"单一窗口"服务建设,推行云南电子口岸建设,实现全流程的作业无纸化,健全完善"大通道"体系,打造"省事省时省钱"的通关便利环境;扩大贸易外汇收支便利化试点,便利跨境电商外汇结算;根据收费的目录清单制度,进一步加强口岸的收费规范管理;与周边国家研究实施双边"一地两检""绿色通道""联合监管"等措施,积极复制推广与越南老街省建设中越双边农产品快速通关"绿色通道"等模式,推广"示范口岸建设",注重陆路口岸国门形象提升;积极推广云南省边民互市系统、跨境自驾游和口岸突发事件应急协调处置中心等地方特色应用,实现对云南省所有口岸和通关业务的"全覆盖",努力形成一批可复制可推广高质量的口岸改革试验成果,打造具有云南特色的国际一流口岸营商环境,提升沿边地区辐射力和带动力,做好沿边开放大文章。建议加快边境口岸"六化"建设(口岸+产业化、集群化、专业化、智能化、城市化、总部化)。

1. 加快推进"口岸+产业化"建设

建议加大招商引资力度,深化东西部协作和定点帮扶机制,跨国跨地区共建产业园区,加快成为加工贸易梯度转移重点承接地。加快完善边(跨)境经济合作区联合工作组和沟通机制,推进主体加工园区和产能合作区建设。在巩固口岸物流和大通道建设基础上,深化口岸产业链布局,构建"前岸中区后厂"的产业化发展模式。推动检测维修、支持再制造业、促进研发创新等业务,承接境内区外委托加工、建设创新高地,提升进出口规模和质量。重点推进沿边金融综合改革,提升跨境人民币结算业务。

深入实施边境乡村振兴,加快建设现代特色农业示范区。建议实施重点口岸产业错位发展和差异化发展,形成以摩托、汽车、小家电为主的制造业,以生物医药和跨境旅游为主的大健康产业,以绿色农产品为主的深加工产业,以绿色能源为主的高原特色产业等多个产业增长极。

2. 加快推进"口岸+集群化"建设

建议系统规划定位云南省陆路口岸功能,推动口岸资源整合,优化口岸布局,健全一体化发展机制,增强服务全国的能力,打造分工合理、高效协作的世界级陆路口岸集群,培育口岸经济特区。建议以乡村振兴为契机,争取国家规划项目支持,加快云南省陆路口岸间的高速公路路网联通,积极推进口岸网络化、联动化、信息共享化,打造口岸经济廊道。推广"一口岸多通道"监管模式,探索省内口岸一体化监管,开展"云南一岸通",精简海关转关核销手续,提升口岸间货物中转能力,使跨境货物的国内运输通道更便捷高效。争取更多口岸优惠政策,形成制度创新集群。引导加工企业向园区集中,促进加工业集群式发展。积极争取增加边民互市进口商品免税额度,推进第三国(方)产品参与边民互市。

3. 加快推进"口岸+专业化"建设

建议积极支持口岸城市打造国别商品集散中心和进出口品牌专业市场,积极争取新的进口许可,巩固区域规模经济优势,突出资源聚集效应。口岸城市要集中优势力量深入调研周边国家,进一步做好专业市场发展规划和建设,积极引进国内外优质企业资源和知名品牌落地,健全可共享、大规模、高品质的交易平台和销售网络,如瑞丽重点推进中缅汽摩配城、机电城、珠宝城、家具城建设,河口推进中越农副产品城、小商品城、轻纺边贸城建设等。建议边境口岸探索以科技创新、资源整合为主导的新型经济发展模式,加快从"通道经济"向"口岸经济"转型升级,赋予口岸经济更强劲的动力。深入实施"电商澜湄"工程，培育壮大电商新兴业态，推进电商与产业的深度融合，大力支持电商孵化基地建设，推动农村电商发展，提升跨境电商辐射水平。

4. 加快推进"口岸+智能化"建设

建议结合各口岸实际，加快口岸信息化、智能化建设，完善水、陆、空、铁、桥等多式联运交通运输体系。建议积极推进国际贸易"单一窗口"互联互通试点，推动建立与重庆、四川、贵州等西南省市和中东部地区的数据对接共享及业务合作，打破地域阻隔，推动区域协作，通过智能化建设，提升以云南为出口的国际贸易"跨省通办"水平。实施一站式通关、装卸、一单到底、一票结算，推进口岸集装箱自动化，提高口岸运转效率，减少企业运营成本，缩短口岸作业时间，扩大口岸货流量。建议加快跨境货运物流专用通道建设，完善自助通关查验系统，搭建智慧物流信息平台，提升贸易便利化水平，快速提升集散能力。

5. 加快推进"口岸+城市化"建设

建议积极打通更多口岸通往内陆中心城市的高速公路铁路通道，提升口岸对周边地区的辐射带动作用，加快与城市融合发展速度。建议加大政策扶持力度，支持城市化建设用地向口岸倾斜，鼓励多方力量联合开发口岸，以投融资、工商、税收等政策优惠支持企业落户边（跨）境经合区。打造以口岸为中心的区域性经济发展综合体，提升口岸服务区功能，优化布局口岸免税购物店、旅游购物中心、中高端综合商业体和步行街，强化口岸城市人才引进、培养和激励，提升教育、卫生、应急处置等综合治理水平和优质市民服务。深入实施口岸旅游发展计划，整合多国资源，举办边关旅游节等活动，深度开发跨境自驾游等精品线路，推进从"景区旅游"向"全域旅游"发展模式转变，创建全域旅游示范区。

6. 加快推进"口岸+总部化"建设

建议各地健全鼓励和扶持总部经济的激励办法和优惠政策，围绕"八个跨境"，聚焦万亿级支柱产业和千亿级优势产业，勇于创新，探索一条边境口岸推进总部经济高质量发展的路子，吸引企业总部集聚布局，特别是面向南亚东南亚的区域总部、运营维修与组装总部、营销中心、研发中心等功能性总部建设。要主动出击，吸引国内外企业在边境口岸城市建立商务代表处或窗口贸易公司，构建企业运转低成本平台，实现不同区域分工协作、资源优化配置，形成品牌示范、关联产业集聚、资本放大等"乘数效应"，探索云南特色的口岸总部化发展模式。

第五节　围绕中老建交 60 周年打造滇老合作典范

2021 年是中老友好年，2021 年 4 月 25 日是中老建交 60 周年纪念日，中老是好邻居、好朋友、好同志、好伙伴，更是命运共同体，云南作为中国唯一与老挝接壤的省份，发挥独特区位优势，以中老建交 60 周年打造滇老合作典范意义重大。本案例以云南省围绕中老建交 60 周年打造滇老合作典范为例，探讨打造滇老合作典范、促进澜湄民心相通的对策与建议。

一　在滇举办中老建交 60 周年庆祝活动

一是在昆明、西双版纳等地举办中国与老挝建交 60 周年座谈会等庆祝活动，邀请双方相关政府官员、专家学者、企业家、媒体及留学生代表，共同回顾中老两国建交 60 年来滇老友好关系的发展历程，展望在"一带一路"倡议下，中老全面战略合作伙伴关系的美好发展前景及滇老合作纵深发展的巨大潜力。二是在疫情背景下，通过线上线下相结合的方式，借助网络视频、视觉艺术等表现形式，充分展示中老两国 60 年以来在文化、经济、社会等方面取得的巨大发展成就和累累硕果。

二　加强中老建交 60 周年宣传工作

做好云南省涉老宣传工作是深入学习贯彻习近平新时代中国特色社会主义思想特别是习近平总书记关于外宣工作重要论述的必然要求，是贯彻落实国家"一带一路"建设的现实需要。一是把握时代精神，做好结合文章，建议通过开设专栏专题、推出系列报道、刊发评论言论和理论文章等形式，围绕习近平外交思想、中老坚持互尊互信加强战略沟通与互信的成果、中老坚持合作共赢推进务实合作与联通的成果、中老坚持守望相助筑牢政治安全与稳定的成果、中老坚持相知相亲强化人文交流与旅游的成果、中老坚持共生共治加快绿色与可持续发展的成果等方面展现巩固发展中老睦邻友好的重大意义；二是创新手段载体，讲好中老故事，积极采用微电影、纪录片、舞台剧、歌剧、驻场演出等方式，借助中央主要媒体、利用外宣媒体和境外媒体、运用新媒体开展宣传，采取多媒体融合的手段讲好中老故事。

三　利用友城渠道深化中老合作往来

一是将国际友城作为地方交往的重要平台，继续深化昆明市与老挝万象市等国际友城合作，推动滇老双方在贸易、投资、旅游、人文等领域开展深度合作往来。二是积极促成西双版纳与老挝占巴色等地建立国际友城关系，以 RCEP 签署、中老铁路开通为契机，共同推进中老贸易和投资自由化、便利化，加快建设滇西南—老挝北部国际无障碍旅游区。

四 在 RCEP 框架下打造中老全面战略合作典范

一是抢抓 RCEP 下的滇老发展机遇，制定《中国老挝磨憨—磨丁经济合作区共同发展总体规划（纲要）》任务分解，落实分解《云南省服务和融入中老经济走廊建设实施方案》任务（2020—2025），实行清单管理，推进老挝蓝色经济和云南数字经济合作，推动澜湄合作与"陆海新通道"对接。二是围绕老挝投资促进法优先鼓励支持的产业，积极对接老挝政府支持发展的旅游开发、绿色农业、教育、医疗等行业领域；对接云南八大产业和"三张牌"，发挥滇老区域优势及特点，解开老挝的"锁"，释放云南的"绿"，共同推动滇老双方若干重要产业园区和旅游合作示范区建设，全面提升云南新发展格局中的嵌入度和贡献度。

第十章

基于"民间往来及其他"层面的澜湄民心相通实践路径与案例探析

第一节 凝聚侨心侨力,促进澜湄民心相通

2020年1月,习近平总书记新年首访缅甸、考察云南边城腾冲、踏访著名侨乡和顺,强调云南的优势在区位,云南的出路在开放,明确要求云南省要发挥沿边开放的区位优势,主动服务和融入国家发展战略,努力建设成为中国面向南亚东南亚辐射中心。① 2020年9月16日,改革开放以来的首次全国民营经济统战工作会议在北京举行,习近平总书记强调:要团结好、引导好民营经济人士。② 结合云南实际,为深入贯彻落实党的十九大提出的"广泛团结联系海外侨胞和归侨侨眷,共同致力于中华民族伟大复兴"的要求,本案例围绕云南凝聚侨心侨力促进澜湄民心相通开展研讨,提

---

① 阮成发:《牢记嘱托,谱写好中国梦的云南篇章》,《人民日报》2021年5月31日第9版。
② 姜洁:《坚持"两个毫不动摇" 把民营经济人士团结在党的周围 更好地推动民营经济健康发展》,《人民日报》2020年9月17日第1版。

出发挥海外侨胞和归侨侨眷优势，凝聚侨心侨力促进澜湄民心相通的对策与建议。

一 云南凝聚侨心侨力促进澜湄民心相通的优势分析

（一）有得天独厚的地理区位优势

云南作为澜湄合作前沿省份，与东南亚、南亚次大陆的17个国家接壤或毗邻，有4060千米边境线，有8个州市27个县与越南、老挝、缅甸山水相连，有16个民族跨境而居。拥有面向"三亚"（东南亚、南亚、西亚）、肩挑"两洋"（太平洋、印度洋）、通江达海的独特区位，北上可以连接丝绸之路经济带，南下可以连接海上丝绸之路，是中国唯一可以同时从陆上直接沟通南亚、东南亚地区的枢纽省份。

（二）具有不可替代的侨情侨力优势

云南是中国第五大侨乡省，云南籍海外华侨华人约250万，省内归侨侨眷约50万人，云南省海外华侨华人主要集中在缅甸、老挝、泰国等东南亚国家。基于共同的血缘及亲缘关系，他们熟悉所在国家的语言文化和社情民意，又在语言、文化、习俗等方面与我们相通，同时他们与家乡联系紧密、交往频繁，具有广大海外华人慎终追远的特质和报梓扶桑的热情。

（三）具有同根同源的民族文化优势

云南与澜湄国家地缘相近、人缘相亲、文缘相通，所具有的文化共通性是增强云南与澜湄国家之间内在联系的天然优势。云南作为全国跨境民族最多的省份，与澜湄国家地理上的亲缘关系促进了双方民族的亲缘关系，特别是在东南亚地区的主要种族和民族都可以在云南边境少数民族中找到相似或相近的族源，跨境民族习俗相近、语言相通、文化相融，相互交往频繁，形成了历史、社会、民俗、宗教、经济和文化等方面十分密切的连接纽带。

二 凝聚侨心侨力促进澜湄民心相通的对策建议

（一）着力顶层设计，让澜湄国家华侨华人"心有所属"

1. 注重顶层设计在团结和凝聚民心方面的保障职能

把加强澜湄国家统战工作作为加快面向南亚东南亚辐射中心建设的重要抓手，纳入"十四五"发展规划，进一步强化由统战部门牵头、各相关职能部门配合的新时代澜湄国家统战工作协调机制，完善澜湄国家统战工作联席会议制度，加强澜湄国家统战工作与党委、政府相关职能部门的联系与协作，按照信息互通、优势互补、成果共享、形成合力的原则，形成领导有力、协调各方、各司其职、各展其长、良性互动、高效运作的统战工作新格局。

2. 注重侨团侨社在团结和凝聚民心方面的桥梁纽带作用

发挥统战在澜湄国家的民间交往优势，推进澜湄国家侨团侨社建设，把澜湄国家侨团侨社作为对外交流联谊的平台网络、作为联系澜湄国家华侨华人的桥梁纽带，强化侨联、联谊会等大统战格局中人民团体、社会组织的作用，扩大与澜湄国家侨团侨社联谊的网络体系，坚持信任、团结、服务、引导、教育方针，扎实推进侨务基础性工作，努力做好协调关系、增进友谊、促进合作、加强沟通、强化服务等工作。

3. 注重涉侨政策在团结和凝聚民心方面的制度保障

把涉侨政策的落实作为构建云南对外开放软环境的重要内容，加大涉侨政策的宣传落实力度，全面做好侨胞、归侨侨眷的服务工作，维护侨商合法权益，建立涉侨问题处理工作机制，强化对侨服务阵地，按需精准施策，竭力为侨胞、侨商做好服务和维权工作，为他们解除后顾之忧，持续优化营造侨胞、侨商到云南生活、到云南发展的良好环境。

(二) 加强文化交流，让澜湄国家华侨华人"心有所向"

1. 发挥华文教育在团结和凝聚民心方面的基础功能

建设面向南亚东南亚的华文教育中心，打造澜湄职业教育培训基地，有效开展以华文教育为平台的中华文化交流，通过灵活多元的云南华文教育，稳步推进与缅甸、老挝、泰国等周边国家和地区在基础教育、职业教育、高等教育等方面的合作交流，让更多的澜湄国家华裔特别是新生代华裔在中国文化传承方面有更多的认识，更好地向澜湄国家华侨华人及其他人士弘扬中华文化、讲好中国故事，传播云南声音，构建澜湄国家民心互联互通的桥梁，走出富有云南特色的澜湄国家华侨华人统战工作新路子。

2. 发挥民族文化在团结和凝聚民心方面的引领作用

澜湄国家华侨华人受中华传统文化影响非常深远，利用好与澜湄国家之间同根同源的民族优势，整合云南优势民族文化资源，加强策划和包装，挖掘和培育云南民族文化品牌，鼓励、支持民族文化特色产品走入澜湄国家，以文化产品"走出去"带动文化企业"走出去"，凝聚起华侨华人团结拼搏的精气神和正能量，引导促进华侨华人像石榴籽一样，以团结奋斗之魂共举繁荣发展之力。

3. 发挥新兴媒体在团结和凝聚民心方面的便捷优点

注重宣传方式创新，提升宣传质效，通过现代化的通信工具，利用微信、抖音等新兴媒介交互强、传播快的特点，加强与澜湄国家华人、华侨及社团的互动交流，及时宣传具有云南特色的风土人情、民族文化、旅游文化等，形成有效的即时沟通和信息反馈机制，有效拉近与澜湄国家华侨华人和社团的距离。

(三) 扩大商贸合作，让澜湄国家华侨华人"心有所为"

1. 强化人缘优势在团结和凝聚民心方面的联结效应

加快澜湄国家统战资源的深度挖掘与培育，在澜湄国家统战网络的互通互联中，把心系祖国、心向云南的华侨华商作为推进云南跨越发展的宝贵财富，借助澜湄国家侨胞朋友在当地的人缘优势，积极拓展、联结更多的澜湄国家商界精英，通过强化与侨企的联络、联动、联系，形成聚集效应，不断壮大澜湄国家友好力量，扩大云南省与澜湄国家的朋友圈。

2. 强化侨资侨智在团结和凝聚民心方面的聚集优势

发挥澜湄国家侨力资源和重点侨商组织作用，以侨为桥，做好以侨引商、以侨引资、以侨引智工作，鼓励和支持侨商、侨团紧扣中心服务云南八大重点产业和"三张牌"，抓住国家构建新发展格局的时代机遇，围绕"大循环、双循环"相互促进，在强边固防的基础上，积极参与云南基础设施、产能合作、商贸物流和产业园区等建设，为云南企业和住在国开展合作提供咨询服务。积极采取走出去的方法，会同澜湄国家侨团和相关部门联合举办经贸洽谈交流会，促进澜湄国家侨胞与云南的交流合作，从而推动云南与澜湄国家经贸合作的高质量发展。

3. 强化节庆品牌在团结和凝聚民心方面的精神力量

通过打造节庆品牌助推云南与澜湄国家的经贸交流，把"走出去"和"引进来"相结合，挖掘云南"绿色、生态、有机"名片，以特色化、群众化、国际化、市场化为原则，精心策划和打造云南节庆品牌，做好中国普洱茶节、中老越三国丢包节、墨江北回归线国际双胞胎节等节庆活动，将节庆活动打造为云南对外开放的品牌，通过"华商走进云南 云品走向世界"活动，不断提升云南相关产业的竞争力和影响力，使云南会展业在助力产业、服务企业、开拓市场和促进消费等方面发挥"绿色引擎"带动作用，以节庆品牌凝聚和焕发云南扩大开放中的精神力量。

第二节 凝聚工会力量，促进澜湄民心相通

劳动者是推动社会经济发展的中坚力量，维护劳动者利益、激发劳动者活力是实现社会经济可持续高质量发展的有力保证。云南历来都是劳动者输出的重要省份之一，基于云南特殊的地理位置，其与缅甸、老挝、越南陆地接壤，与泰国、柬埔寨毗邻，是澜湄合作的前沿省份。发挥云南独特的"地利"优势，凝聚工会"人和"力量促进澜湄民心相通，提升澜湄各国劳动者福祉具有十分重要且紧迫的现实意义。本案例围绕如何凝聚工会力量促进澜湄民心相通开展研讨，尝试提出凝聚工会力量促进澜湄民心相通的对策与建议。

一 凝聚工会力量促进澜湄民心相通的问题分析

2015年以来，澜湄合作机制不断完善、领域不断拓宽、内容不断丰富、程度不断加深，让澜湄六国人民获得了实实在在的收益和红利。但受新冠疫情冲击、国际形势变化、逆全球化和保护主义抬头等因素影响，凝聚工会力量促进澜湄民心相通也存在一些挑战。

一是因疫情对经济的冲击，维护劳动者的基本权益，避免疫情对就业的冲击，努力创造劳动岗位、改善劳动条件，成为澜沧江—湄公河流域各个国家工会的主要主张。

二是部分中国企业缺少与当地工人和工会打交道的经验和技巧，突发事件和偶发事件会带来一定的不利影响。

三是澜湄国家同质竞争加剧，部分领域合作的不确定性增加，中国在缅甸等地的投资受到当地工会和职工的质疑和抵制。

四是因一些媒体有失偏颇的报道，个别国家工会在涉外劳工问

题时出现排外主义情绪的苗头和倾向，跨国就业催生了一定的民族主义情绪。

二　凝聚工会力量促进澜湄民心相通的对策建议

（一）扩大"澜湄工会朋友圈"

采取走出去、请进来的办法，夯实与澜湄国家工会组织的传统友谊，拓展与澜湄国家工会组织的友好交流合作渠道，签署《友好交流与合作备忘录》，就双方加强职工维权服务领域交流合作达成系列共识，扩大"澜湄工会朋友圈"，加强心与心的沟通，在服务华人、维护华企权益的基础上，共同做好所属职工合法权益的双向维护，担负起澜湄友谊传承者和建设者的新使命。

（二）弘扬"澜湄工匠精神"

围绕产业工人队伍建设，加强澜湄各国职工技能培训平台的对接，助力澜湄国家职工"可持续就业"；大力弘扬澜湄劳模精神、劳动精神、工匠精神，激励澜湄职工践行精益求精的工匠精神和爱岗敬业的奉献精神，组织开展澜湄国家间的职工技能培训、职工技能竞赛，辅以专题讲座、工匠互动、企业走访、文化参观、职工联谊、志愿服务等，提升澜湄国家职工队伍素质，增进澜湄国家职工之间的互学互鉴、相互切磋，以劳动者素质提升激发澜湄经济增长的新活力。

（三）强化澜湄工会交流互动

积极发挥工会民间外交优势，引导非公企业和工会组织参与澜湄工会交流互动，强化澜湄各国职工的合作纽带，以人文交流为重点，以讲好"澜湄故事"为目标，积极推进澜湄国家人文交流项目，通过"互学互鉴"研讨营、"澜湄梦 劳动美"友好营、"促进产能合作、推动技能发展"交流营等贴近生活、贴近需求的形式，挖掘澜湄建设者的友谊故事，展现澜湄合作建设项目的成果，组织澜湄国家工会开展多层次、宽领域、多渠道的人文交流活动，在丰富多彩的业余活动吸引、凝聚、团结澜湄各国工会和劳动者，促进澜湄各国实现包容和可持续发展，为进一步深化澜湄合作、推进"一带一路"建设、构建澜湄命运共同体做出新的更大贡献。

第三节　促进澜湄民心相通，云南争创RCEP先行先试区

中国（云南）自贸试验区是"一带一路"建设互联互通的重要通道，是连接南亚东南亚大通道的重要节点。在新发展格局下，RCEP协定的签署，为云南提供了更大的发展机遇和更加广阔的国际市场。本案例以云南争创RCEP先行先试区为例，尝试探讨提出抢抓RCEP协定生效契机，争创RCEP先行先试区，提升云南沿边开放水平，促进澜湄民心相通的对策与建议。

一　打造制度创新高地

中国（云南）自贸试验区代表国家参与全球竞争，承担国家先行探索的使命，自贸试验区建设的核心任务就是制度创新，检验自贸区建设成效的重要标志也是制度创新。为争创RCEP先行先试区，建议将中国（云南）自贸试验区的重要制度创新纳入省乃至中央全面深化改革委员会的年度工作要点，加强中国（云南）自贸试验区争创RCEP先行先试区的前瞻性统筹、系统性研究。建议"放管服"改革全面对标浙江，加快推动中国（云南）自贸试验区深度融入和衔接RCEP的政策法规出台，完善政策保障和制度体制机制，加快形成一批可借鉴、可复制、可推广的高质量改革试验成果，达到"试在自贸、用在昆明、辐射云南、服务全国、走向世界"的目标。

二 深度融入周边发展

以RCEP先行先试区创建,深度融入周边发展,加快推进与澜湄流域等相关国家的战略对接、规划衔接,努力实现标准、规则联通。对内深化与广西百色重点开发开放试验区等国内优秀开放平台的交流合作,对外加强与中老磨憨—磨丁经济合作区等边(跨)境经济合作区的联动创新发展,积极融入周边国家发展,加快跨境物流、跨境旅游、跨境产能等多方面的合作与交流。

三 彰显系统集成效应

开展贸易自由化的集成创新,积极对接RCEP中的检验检疫、技术标准等统一规则规制。完善中国(云南)自贸试验区联动创新机制,切实推动中国(云南)自贸试验区各项关联改革、配套改革环环相扣、相互衔接,增强改革的整体效应。全面实施"互联网+政务服务""一部手机办事通",全面推进云南数字政府改革建设、数字经济跨越发展、数字社会深度变革,创新实施并推广"会议协调、并联审批、互不前置、负面清单管理"的项目审批模式,实现服务一条龙、办事跑一次、审批一颗章、政务一张网,努力形成具有云南特色、国际示范的国际一流营商环境。

四 注重提升改革效能

结合中国(云南)自由贸易试验区的实际,建议纵向上积极争取中央改革办、国家发改委、商务部等部门在先行先试、经验推广上的支持,横向上借鉴国内各自由贸易试验区(港)的经验,切实提升中国(云南)自由贸易试验区改革效能。建议将中国(云南)自贸试验区改革创新作为相关省直部门和州市目标考核的重要内容,切实发挥考核"指挥棒"的作用。

五 完善容错纠错机制

建议加强宣传培训，为鼓励先行先试，建议在《云南省容错纠错办法（试行）》的基础上，进一步细化和完善相关激励机制，完善容错纠错机制，有效激发各级各类人员干事创业的积极性，进一步为中国（云南）自贸试验区争创 RCEP 先行先试区营造鼓励创新、宽容失误的优良环境。

云南优势在区位，出路在开放。中国（云南）自贸试验区建设是更好应对国际经济贸易和投资规则变化与挑战、提高对外开放水平、以开放促改革促发展的一块"试验田"，云南省立足"沿边"实际，围绕"跨境"特色，推动中国（云南）自贸试验区争创 RCEP 先行先试区，促进澜湄民心相通，将有助于云南做好新时代强边固防工作，为建设面向南亚东南亚辐射中心筑牢安全稳定屏障。

第四节 发展跨境智慧物流，提升沿边开放水平

2020 年，习近平总书记考察云南首站到访与缅甸接壤的腾冲市，既充分体现了云南固边守边、强边固防的战略地位，又充分体现了习近平总书记对加快云南沿边地区经济社会发展、改善沿边地区人民群众生产生活的高度重视。云南省作为中国面向南亚东南亚和环印度洋地区开放的大通道和桥头堡，适应常态化疫情防控的现实需要，对努力提升云南沿边开放水平、发展云南跨境智慧物流、促进澜湄民心相通意义重大。本案例探讨发展跨境智慧物流促进澜湄民心相通的对策与建议。

一 云南跨境物流发展的现状

云南在交通区位上优势明显，经济上对内承接国内中东部地区、对外连接南亚东南亚各国，是中国面向南亚东南亚和环印度洋地区开放的大通道和桥头堡。随着"一带一路"和面向南亚东南亚辐射中心建设的深入推进，云南跨境物流发展基础条件明显改善、产业规模和层次稳步提升，特别是在省级重点物流产业园建设、县级物流集散中心建设、城市物流配送试点、冷链物流基础设施建设、培育壮大物流市场主体、打造跨境物流企业集团、推进跨境物流便利化、发展"互联网+"高效物流、物流产业精准招商、物流运输便利化政策等方面持续发力，建设中国西南物流中心、中国高原特色农产品交易物流中心及中国面向南亚东南亚以及印度洋的跨境物流中心的成效已经初步显现。2019 年下半年以来，省政协围绕"加快推进云南跨境物流发展"开展了专题协商，通过发挥政协协商式监督的特色优势，紧紧围绕省委、省政府有关"促进跨境物流发展"政策措施的贯彻落实，积极开展民主监督、建言献策，有力推动了云南跨境物流发展。

二 新冠疫情对云南跨境物流带来的挑战

新冠疫情常态化防控的背景下，"宅家"模式成为常态，出行的限制促使民众对于线上购物、配送到家的消费需求大幅度增长。在此背景下，末端物流服务如何解决"最后一千米"的问题，既是发展机遇，也是现实挑战。当前，云南跨境物流的短板主要体现在四个方面。

（一）供应链管理能力不足

基于产业链的数字化程度不够高，快速响应突发状况的供应链管理能力不足。

（二）物流时效受影响

疫情导致物流血脉不畅、航班减少，物流的受阻一定程度上影响了跨境电商物流的时效性。

（三）物流成本增加

物流资源的紧缺、企业内部保障成本和运营成本的增加导致物流成本快速上升，尤其是国际物流成本上升幅度较大。

（四）末端服务待强化

农村主要体现在物流核心枢纽及支线节点覆盖的瓶颈问题突出，城市主要体现在无接触配送等物流服务安全的新需要。

三 发展跨境智慧物流，促进沿边开放和民心相通的对策与建议

新冠疫情给全球经济带来巨大冲击，改变了人们的日常生活与消费习惯，深刻影响了末端物流的发展，为云南跨境智慧物流发展带来了机遇。在建设中国面向南亚东南亚跨境物流中心的过程中，建议以疫情常态化防控为契机，从四个方面促进云南跨境智慧物流升级、促进沿边开放和民心相通。

（一）加速数字化基础设施建设

结合数字云南建设，积极适应用户柔性化、敏捷化、可定制的物流服务，以数字化、信息化、自动化技术积极推广智能快递箱模式，加大无人配送设备的研发与应用测试，加速跨境智慧导航建设，积极应用区块链技术将数字化供应链向产业端延伸，通过技术投入提升全天候物流服务能力，使物流网络在全年各种突发状况、特殊情况下都能全速运行，把快递行业、物流行业建设成像水电煤一样24小时不间断运营的基础设施和物流网络。

（二）加强末端网络建设与覆盖

聚焦"最后一千米"，积极推进"邮快合作"，加快实施云南

"快递进村"三年行动方案，在 2020 年建设 2500 个"快邮驿站"目标基础上，鼓励阿里菜鸟驿站、圆通速递妈妈驿站等数字化物流收发节点的建设，通过"快递村村通"形成网络化、中心式分布的系统结构，应用菜鸟裹裹等载体为用户提供灵活的定制化服务，强化消费者和快递公司的连接，形成邮政与快递优势互补、互惠共赢的良好局面。

（三）加快跨境贸易主通道建设

加强与知名电商企业全方位合作，构建"原产地供应商—城市中心仓—前置仓—消费者"供应链物流体系，推动零售体系与供应链体系的融合创新；积极对接菜鸟新三年全球化目标，在菜鸟建设泰国物流枢纽设施的基础上，加快澜湄流域沿线国家海外仓和物流枢纽设施的建设，增加进出口包机，提升跨境包裹时效。

（四）加大云品荟平台推广应用

发力"最前一千米"，以"一部手机云品荟"为抓手，在生产端整合货源，在销售端整合需求，通过打破时空壁垒推动云南省电商全覆盖，实现线下建县域公共仓、线上建产品库的线上线下融合推广模式，有效推动后疫情时代云南跨境智慧物流产业快速健康发展。

第五节 深化云南边境地区跨国警务合作，促进澜湄民心相通

云南 4060 千米边境线事关祖国西南安全，事关面向南亚东南亚辐射中心建设进程。在百年未有之大变局下，推动云南与东南亚、南亚国家及大湄公河次区域国家之间的交流与合作是大势所趋，随之而来的安全问题及挑战也不容忽视，深化云南边境地区跨国警务合作促进澜湄民心相通具有十分重要而特殊的现实意义。本案例以云南边境地区跨国警务合作为例，探讨提出加强云南边境地

区跨国警务合作,促进澜湄民心相通的对策。

一 云南边境地区跨国警务合作的背景与现状

云南边境地区的跨国警务合作起步较早,早在20世纪90年代初期,中国就已经与澜沧江—湄公河流域的其他国家有着较为紧密的警务合作与交流。受"半开放式"边境特征的影响,非法入境、非法居留、非法就业等问题隐患突出,2020年9月22日,云南省公安机关开展打击整治跨境违法犯罪"三查四告知"集中统一行动,当天就拦截劝返580余人,遣送"三非"人员90余人,查获违法人员2200余人;2020年12月9日,云南省公安厅通报,警方成功打掉一个盘踞在西南边境的跨国、跨省组织运送他人偷越国(边)境犯罪团伙,抓获违法犯罪嫌疑人194人,切断组织缅甸人从云南入境的偷渡线路3条,捣毁容留转运"三非"缅甸人窝点4个。2021年3月24日,一则"云南辅警抓捕偷渡蛇头被咬断手指"的消息更是冲上热搜,足以说明深化云南边境地区跨国警务合作的紧迫性,以边境地区跨国警务合作强化边境治理,促进澜湄民心相通可谓正当其时。

二 加强云南边境地区跨国警务合作的对策与建议

(一)以跨区域警务协作打造边境管控共同体

借鉴新疆某边境管控跨区域协作方案,建立健全跨区域应急处突、联勤维稳管控、联合边境巡逻、联合堵截查验、案件协查协办五项联勤联动机制,完善支队、大队、所站"3+3"警务合作格局。加强与澜沧江—湄公河流域国家在数字警务、智慧警务等方面的合作,进一步提升和改进人脸识别技术、图像视频技术、出入境管控技术等警务技术水平。强化云南沿边各方在次区域警务合作中的主体地位,尊重各自在安全治理方面的需求,提升各方参与警务合作的动力和意愿，争取建立一致的合作目标，提高警务合作融合度，以跨区域警务协作打造边境管控共同体。

（二）以软硬件基础设施建设提升边境管控能力

借鉴广西某边境管控经验，统筹整合各种力量资源，加大边境物防、技防、人防相结合的立体化防控体系建设投入，强化边境巡逻公路、巡逻道路、铁栅栏、铁丝网建设，强化边境检查站（点）、边境通道治安卡口建设，强化公共安全和治安监控探头建设，推进"视联网""雪亮工程""天网工程"三网融合，配合边境管控拦阻设施，构成边境管控的"电子围栏"。在澜湄次区域，建议积极利用澜湄合作专项基金、丝路基金以及亚洲基础设施投资银行等平台，积极发展澜湄次区域软硬件基础设施，加快边境立体防控体系建设。

（三）以数字云南建设提升智慧边境建设水平

借鉴新疆某市"智慧边境"项目经验，根据不同的边境地形地貌布设不一样的技术设施，针对易发高发的非法出入境便道及路口，加强技术防控，利用射频识别、光电追踪等技术和系统，及时发现和处置非法出入境行为。针对山高林密、人烟稀少的边境地段，通过无线传感器、雷达等边境感知技术，辅以无人机等设备，及时拦截非法越境人员，加强边境管控，实现边境点、线、面防控区无死角和无真空管控。依托信息手段，建设警务云平台数据应用中心，建立健全边境流动人口数据库，加强重点人群实名制管控，实现"境内与境外、线上与线下、人力与人工智能、专案查办与社会面堵源截流"四个战场的有机结合，互补互促，积极构建起常态化、全天候运行的"联勤联动第一线、严查严堵在二线、管实控稳社会面"的智能化、无缝隙、全覆盖、无死角的立体边境管控智慧网络，以电子围栏建设、视频监控系统建设、应急广播体系建设等载体和途径，提升边境管控指挥系统可视化、数字化、智能化、远程化水平，着力扎紧边境防护"篱笆"，把边境打造成为坚不可摧的"铜墙铁壁"。

（四）以边境联络官办公室为纽带形成治理合力

复制中老越三方边境禁毒联络官办公室模式，完善边境联络官办公室框架，加强边境会晤制度，争取与澜沧江—湄公河流域相关国家建立更多的边境联络官办公室，针对不同形式的犯罪，强化联合执法与打击的力度。发挥澜湄执法中心的情报融合与案件协查优势，加强各边境联络官办公室与澜湄执法中心合作，建立情报信息网络，完善多边联络体系，尝试建立澜沧江—湄公河流域国家之间的多边边境联络官办公室，加强澜沧江—湄公河流域6个国家之间的多边交流，通过加强定期会晤与交流、共享相关情报线索、联合开展执法行动等多种形式的警务合作，形成澜沧江—湄公河流域的六国警务合力。

第十一章

结论与启示

中国和湄公河国家山水相连、命运与共、利益相融。促进澜湄民心相通，在民心相通的基础上加强澜湄合作，从物质和精神的维度来提升澜湄合作的互信水平，是构建澜湄命运共同体的重要基础。澜湄民心相通的建设，特别是在当前域外势力介入、新冠疫情冲击等诸多挑战下，可以让六国培育更多共同观念、发掘更多共同利益，促进流域内的共同繁荣。但是，民心相通建设因为当前这些不稳定的因素呈现出动力不足特征，国内国外新形势对澜湄民心相通的建设也提出了更高的要求。因此，及时分析澜湄合作的现状，系统梳理改革开放以来澜湄民心相通的研究过程，加大对澜湄民心相通建设的理论探索，探寻澜湄合作的驱动机制，对于澜湄合作更加互信互亲、更加走深走实，具有重要的现实意义。

首先，澜湄民心相通由来已久、基础较好。本书在澜湄民心相通的支撑条件和现实基础下，梳理了澜湄民心相通的国内外研究现状、历史传统和现实基础，结合相关理论，尝试从心理层面的情感认同机制、观念层面的价值认同机制来概括澜湄民心相通的基本规律。可以看出，澜湄民心相通由来已久、基础较好，这也是改革开放以来澜湄民心相通得以快速起步、迅速发展的根本原因。

其次，澜湄民心相通顺应时代、成绩斐然。研究可以看出，澜湄流域的民心相通有着鲜明的阶段性特征，本书系统梳理和解析澜湄民心相通的历史演进过程，对中国和其他五国已经取得的合作成果分别进行大致的梳理，在归纳、总结、分析的基础上，突出正、反两个方面的影响因素，"纵向""横向"相结合，围绕教科文卫体的交流与合作、旅游的交流与合作、民间往来的交流与合作，探寻其规律。

由于本书研究的澜沧江—湄公河流域较广、民心相通涉及的层面较宽，在综合考虑民心相通建设的多维度、多层次、多层面的特点后，根据所获取的资料，在调研的基础上选取教科文卫体、旅游交流、民间往来三个层面，全面分析中国与澜湄流域其他五国民心相通的现状。随后，围绕澜湄民心相通，通过线上线下相结合的方式对澜湄六国普通民众进行问卷调研，系统地分析了澜湄民心相通的积极因素和消极因素，并分国别对中国和澜湄其他五国民心相通的影响因素进行整理。

最后，澜湄民心相通前景可期、大有可为。本书通过大量实践成果和典型案例的建构和剖析，结合构建的民心相通体系，在对澜湄民心相通的历史演进和驱动机制进行评估的基础上，提出科学合理的澜湄民心相通的发展点，为澜湄流域命运共同体建设提出对策建议。研究发现，澜湄合作和澜湄民心相通有正向的积极驱动因素，也有负面的消极阻碍因素，但积极因素是主流、起到决定性的作用，综合来看，澜湄民心相通的前景可期、大有可为。

总而言之，澜湄流域经济有较强的互补优势，澜湄民心相通符合流域六国的共同需求，共建澜湄流域国家命运共同体，是发展中国家推进全球化、区域化的"南南合作"新典范。新时代背景下加强澜湄民心相通建设要因势利导，发挥地缘相近、人缘相亲、文缘相通、商缘相融等优势，规避澜湄流域经济差异、政策执行、文化碰撞、价值取向、大国博弈等多种因素的影响，把握澜湄民心相通的历史基础、演进过程、现实条件、驱动因素等规律，开创澜湄流域国家命运共同体新局面。

参考文献

著作类

郭业洲、金鑫、王文:《"一带一路"民心相通报告》,人民出版社2018年版。

金珍:《澜湄次区域合作:演进与发展》,中国社会科学出版社2021年版。

卢光盛、段涛、金珍:《澜湄合作的方向、路径与云南的参与》,社会科学文献出版社2018年版。

刘金鑫:《澜沧江—湄公河次区域合作研究报告》,云南大学出版社2016年版。

刘稚、卢光盛:《澜湄合作蓝皮书:澜沧江—湄公河合作发展报告》,社会科学文献出版社2019年版。

许庆红:《中国与湄公河五国民心相通研究》,中国社会科学出版社2022年版。

杨辉:《民心相通——"一带一路"建设的社会根基》,经济日报出版社2018年版。

宋佳烜:《人文交流让胞波情谊历久弥新》,《中国文化报》2020年1月17日。

中共中央文献研究室:《习近平总书记重要讲话文章选编》,中央文献出版社、党建读物出版社2016年版。

论文类

程希、段涛：《以投资柬埔寨作为推动澜湄合作机制的后发动力》，《中国市场》2018年第6期。

段学品、刘军：《"一带一路"背景下中老经济走廊建设的进展与挑战》，《云南行政学院学报》2020年第4期。

贺圣达：《文化认同与中国同周边东南亚国家民心相通》，《云南社会科学》2018年第6期。

韩地球、金毅：《中缅经济走廊建设：进展、挑战和前景》，《昆明理工大学学报》（社会科学版）2020年第2期。

孔艳春：《"一带一路"背景下加强云南与东南亚互联互通建设——以中缅交通为例》，《教育教学论坛》2016年第11期。

李晨阳、孟姿君、罗圣荣：《"一带一路"框架下的中缅经济走廊建设：主要内容、面临挑战与推进路径》，《南亚研究》2019年第4期。

李建钢：《"一带一路"在越南落地实施面临的风险挑战和对策研究》，《文化软实力》2020年第2期。

刘亚敏：《中国与湄公河国家民心相通现状实证分析——以澜湄合作为背景》，硕士学位论文，广西民族大学，2018年。

刘盈：《中老战略命运共同体：进展、挑战及强化路径》，《亚太安全与海洋研究》2021年第2期。

刘主光：《跨国次区域经济合作区与自由贸易区的分析——以GMS和CAFTA为例》，《亚太经济》2012年第1期。

刘畅：《澜湄社会人文合作：现状与改善途径》，《国际问题研究》2018年第6期。

凌胜利：《中泰合作共建"海上丝绸之路"战略支点》，《当代世界》2016年第6期。

马婕:《澜湄合作五年:进展、挑战与深化路径》,《国际问题研究》2021年第4期。

马一:《中缅关系的历史渊源与发展前瞻》,《人民论坛》2020年第28期。

马丽君、邓思凡:《"一带一路"对国民出境沿线国家旅游需求的促进效应——基于网络关注度的分析与评价》,《世界地理研究》2022年第31期。

牛元帅:《推动云南边境地区深度融入"一带一路"建设的对策研究》,《哈尔滨师范大学社会科学学报》2018年第11期。

潘金娥:《构建中越命运共同体的理论基础、历史经验与实践动力》,《马克思主义研究》2021年第7期。

孙喜勤:《云南参与推动中缅经济走廊民心相通的路径研究》,《学术探索》2020年第9期。

徐绍华、周文、蔡春玲:《"一带一路"建设中的民心相通研究综述》,《中共云南省委党校学报》2019年第2期。

周子渊、唐红梅:《"一带一路"背景下柬埔寨中国国家形象建构研究》,《九江学院学报》(社会科学版)2019年第1期。

中共云南省委、云南省人民政府:《贯彻落实习近平总书记重要讲话精神维护好运营好中老铁路开发好建设好中老铁路沿线三年行动计划》,《云南日报》2022年3月20日。

甄巍然、刘洪亮:《"民心相通":基于文化交往的共同体图景——"一带一路"中文化认同的困境与破解》,《出版发行研究》2018年第3期。

张翅:《中柬是肝胆相照的好朋友——中国与柬埔寨友好关系大事记》,《一带一路报道》2017年第2期。

郑淑英:《中国云南省与GMS五国高等教育合作与交流研究述评》,《东南亚纵横》2012年第12期。

后　　记

　　历时五年，几易其稿，多经打磨，《改革开放以来澜湄民心相通的历史演进与启示》终付梓成书，与大家见面。在此，首先要感谢全国哲学社会科学工作办公室的资助与支持，该书系2019年度国家社科基金一般项目"改革开放以来澜湄流域民心相通的历史演进及其驱动机制研究"（19BMZ071）研究成果，于2022年9月顺利通过结项鉴定（证书号：20223110）。其次，要感谢云南师范大学社会科学工作办公室的关心与认可，该书入选云南师范大学第八批学术精品文库。同时，要感谢中国社会科学出版社的孔继萍老师和她的团队，在孔继萍老师的热心帮助和耐心修改下，本书得以顺利出版。

　　本书是我和我的团队长期关注澜湄流域民心相通、澜湄流域交流交往交融、沿边开放、跨境合作等问题的阶段性成果。澜湄流域民心相通由来已久，未来也拥有广阔的空间和无限可能，可以说，民心相通是澜湄合作的"关键基础"，澜湄民心相通建设具有"一荣俱荣、一损俱损"的连带效应，推进澜湄民心相通建设可以为构建人类命运共同体聚集条件，形成示范，如何与时俱进，深刻把握其历史演进与驱动机制的规律性，还任重道远。

　　下一步，我和我的团队将针对研究存在的不足，继续加大对澜湄流域民心相通建设的理论探索，努力建构澜湄流域民心相通的可持续发展机制,以期促进澜湄六国坚持开放、包容、和合理念,以"心"之"诚",持续深入推进澜湄流域民心相通建设,共同应对和化解澜湄流域民心相通建设存在的现实问题和诸多挑战,形成6个1相加大于6的澜湄合作效应。

由于水平有限,书中难免有错漏之处,恳请广大读者批评指正!

牛元帅
2023 年 5 月于西南联大旧址